中國新冠肺炎靈查解析

大川隆法
Ryuho Okawa

台灣幸福科學出版有限公司

目錄

前言

根據本日（二月十一日）早報指出，截至目前為止，以中國武漢市為中心所爆發的新型冠狀病毒疫情，已出現四萬名以上的感染者，以及超過九百名以上的死亡人數。

從連日來不斷大幅更新本文所記載的數字之下可看出，疫情程度已超過近年爆發的SARS等級。透過電視轉播看到武漢市和北京市內人煙稀少，並且無論是中國甚至是日本，皆已面臨口罩短缺的問題。

不幸的預言總是令人感覺難過，所以我也沉默了好一陣子，但我認為該是到了幸福科學發表見解的時候了，因此決定緊急出版本書。本書的內容，是靈查（Reading）讀者們所不知道的世界。

今天是日本建國記念日，但願此次能「轉禍為福」。

二〇二〇年二月十一日

幸福科學集團創立者兼總裁　大川隆法

靈言現象

所謂「靈言現象」，是指另一個世界的靈魂存在，降下言語的現象。這是發生在高度開悟者身上的特有現象，並有別於「靈媒現象」（即人陷入恍惚狀態、失去了意識，由靈魂單方面說話的現象）。當降下外國人靈魂或外星人的靈言時，發起靈言現象之人亦可從語言中樞選擇需要的語言，因而可用日語來講述。

然而，「靈言」終究只是靈人本身的意見，其內容有時會與幸福科學集團的見解相矛盾，特此注記。

第一部

源自中國之新型冠狀病毒感染靈查

二〇二〇年二月七日
收錄於幸福科學特別説法堂

提問者

綾織次郎（幸福科學常務理事 兼綜合雜誌編集局長
兼《真自由》總編 兼ＨＳＵ講師）

齋藤哲秀（幸福科學編輯系統專責專務理事
兼ＨＳＵ未來創造學系
藝能・創造學程教材開發 專責顧問）

藤井幹久（幸福科學理事
兼宗務本部特命專責國際政治局長）

〔按提問順序，頭銜為收錄當時之職稱〕

1　新型冠狀病毒感染的概要

中國爆發新型冠狀病毒的感染情況

大川隆法　每天新聞節目不斷播放，相信各位都已經知道新型冠狀病毒的消息了。現在中國開始出現因為感染新型冠狀病毒，而罹患肺炎、死亡的情況。

幸福科學雖然身為宗教團體，但是涉獵範圍廣泛，更是調查研究如此疾病或病原體的罕見宗教。

過去，在發生ＳＡＲＳ或ＭＥＲＳ等疫情時，我們也曾經在《真自由》雜誌（幸福科學出版發行）中進行專題報導。就本會的立場來說，終究還是認為這和靈性原因，也就是和神意、天意有著密不可分的關係。

以本次的情況來看，截至二〇二〇年二月七日上午為止，中國境內的確診人數已達三萬一千百六十一人、死亡六百三十六人。中國以外的確診人數約有三百人，死者兩人，分別是菲律賓和香港各一人。

確診人數明細分別為，日本八十六人、新加坡二十八人、泰國二十五人、香港二十四人、韓國二十三人、台灣十六人、澳洲十五人等。以整體來說，包括中國境內在內，已有二十八個國家和地區，約三萬一千五百人感染，以及約有六百四十人死亡，由於數字仍在緩慢上升中，因而研判實際上的感染範圍可能更廣。

疫情以中國境內最為嚴重，致死率也高。除此之外，病徵感覺就像與感冒程度無異。在日本似乎也有人確診感染後住院，經過治療後也順利痊癒出院，所以感覺上中國境外的致死率似乎相當低。

發生經過與其影響

大川隆法　截至目前為止的經過來看，儘管據稱是二〇一九年十二月八日首度確認發生原因不詳的肺炎，但總覺得十二月八日這個日子有些詭異。二〇二〇年一月一日，被認定為疫情發生源的生鮮市場停業。一月二十日習近平國家主席下達對策指示。二十三日關閉武漢機場和車站。二十七日禁止中國旅遊團出團後，開始衝擊各國觀光業。

武漢市無法主動發布消息的理由，依舊是所謂「未取得上面的核准就不可公布」的中國制度問題。據說「因種種因素，未取得上面的核准就不可公布，才釀成現在為時已晚的局面」，也因此飽受中國內部的抨擊。

據說，冠狀病毒的種類高達五十種以上，但會感染人的只有六種，其中兩種會引發重症肺炎，過去就曾因SARS或MERS等而爆發問題。

目前，日本已派出四架包機前往中國載回現地僑胞。然而，由於日本政府拒絕停泊在橫濱海域的豪華遊輪旅客上岸，因此在船內已開始傳出災情。

估計重創中國旅遊業等的損失約達十六兆日圓規模，此外，今年度中國一月至三月的國內生產毛額成長率預估將跌破五％。在日本方面，因入境消費下滑，推測國內生產毛額將下修至〇・二％。此外，韓國國內則可能面臨所有工廠停擺的局面。

研判各種可能的原因

大川隆法　從客觀的角度來看，自去年夏季開始發起的香港反送中遊行活動，由於一百萬人、兩百萬人上街遊行抗議，激烈內戰似的情況一直持續，所以在「集體意念」上發生了什麼變化，也不足為奇。再加上一月份蔡英文總統在台灣總統大選中勝選，倘若沒有其他情況，北京政府理應從一月就會開始不斷恐嚇、威脅香港和台灣才對。

在這種時候，就像是遭受了回擊一般，中國當局因國內疫情忙得焦頭爛額，北京似乎瀰漫著一股，「為避免北京受到侵襲，即便是萬里長城也要建造起來」的氛圍。

雖然不清楚今天可探究到何種程度，不過病毒的存在是事實，甚至疫情似乎已經擴散開來了。

據傳原因之一，就是中國武漢一帶有生化武器研究所，或許就是從這裡被夾帶出病毒，或發生了病毒外洩等事故，但沒有被公布出來。

除此以外，北韓等其他擁有生化武器的國家也可能涉入其中，姑且先不論此舉對北韓是否有利可圖，不過的確無法排除北韓心想「想要試試看威力可到何種程度」，又因為無法在自己的境內測試，便將病毒帶往中國試著傳播看看，以確認病毒威力的可能性。

另一個可能，就是一月初川普總統開始進入彈劾罷免的審判階段，伊拉克的蘇萊曼尼指揮官，卻在一月上旬遭一架無人機攻擊身亡而震驚世界。或許川普想藉由此舉轉移彈劾案的焦點，提高民眾對總統的向心力。另一方面，去年十二月左右，美國擱置對中國的貿易關稅戰，也不禁讓人質疑這樣好嗎？

以新型冠狀病毒的感染狀況一發不可收拾的情形來看，同樣擁有生化武器的美國，無須發起大規模戰爭，只要將病毒包放在行李箱內，再讓一、兩名特工將病毒傳播出去，之後就能使疫情逐漸蔓延開來。這對ＣＩＡ或軍方來說，都是輕而易舉的事。

伊朗遭到美國無人機的攻擊，而此次中國的疫情，也有可能是被美國施放生化武器。關於香港和台灣，美國知道若中國使用正規武器開戰，狀況將變得非常慘烈，因此也有可能是透過這樣的方式，引發中國內部的恐慌。

就結果來看，世界地圖當中已完成了對中國的包圍網，香港和台灣也開始出現「No More China」（拒絕中國）的氛圍，這也意味著中國人將無法恣意的旅遊了。

由於ＷＨＯ聲稱「台灣是中國的一部分」，因而出現禁止台灣人入境的國家，使得台灣在此時不得不發出「我們不是中國！」的怒吼。此外，就香港而言，雖然已關閉邊境，然而醫護人員發起罷工，不願意協助控制疫情的作法，似乎可看出已釀成發起香港獨立運動的環境。

只不過，有別於習近平的意圖，原本日本首相的如意算盤是「即便去年秋季將消費稅提高到十％，致使民眾的消費意願降低，不過今年新年若有大量海外遊客前來觀光消費，將可望刺激景氣，再加上東奧的帶動之下，勢必將恢復景氣，那麼國會也可就此解散、改選」，如今這個如意算盤卻可能會瓦解。

又或者，也有可能正如自然科學家所研判，純屬大自然界偶發性發生的事件。不過我認為倘若沒有發生這種疫情，在大多數情況下，也可能會發生地震、海嘯等其他天災。

對罹患中國新型冠狀病毒感染者進行靈查

大川隆法　雖然不清楚能瞭解到何種程度，不過我仍希望透過靈查和此次疫情有關之人，以查明新型冠狀病毒的發生、感染和傳播情況。

不清楚可公布到何種程度，抑或許有不可公布的部分。

直到昨天，我都一直被「阻止」進行靈查，不過就在昨天傍晚獲得了許可，並被告知「也該是時候了」，於是就決定在今天進行。

只不過，我也不知道是否會出現真正的「關係人」，或許會有其他的人出現也說不定。總之，應該能夠聽到一些解釋說明。

那麼，現在我就開始對源自中國之新型冠狀病毒的感染進行靈查。

（深吸氣、呼氣）在中國爆發新型冠狀病毒疫情時，若是有誰於其中扮演關鍵角色，請來到幸福科學告知我們您的用意。

關於中國新型冠狀病毒感染症的疫情，若有誰是刻意或有目的的使其發生，或是有誰想要藉此創造出某些效果，抑或是有哪位核心人物想要藉由廣佈冠狀病毒，進而展現神意、天意等其他靈性原因，請降臨至幸福科學，並告訴我們您真正的意圖。

（大約沉默二十秒鐘）

2 新型冠狀病毒的發生背景

爆發新型冠狀病毒事件的其中一名負責人

靈人　嗯……。

綾織　您好。

靈人　（深呼吸）嗯……。

綾織　世界各地正因新型冠狀病毒肆虐而陷入恐慌中。不過，身為人類的我們，還是要面對處理。希望今天能針對這一點，向您請教各種意見或者是想法。

靈人 這樣啊？其實我以為是《真自由》的截稿期限快到了，所以也到了該出來的時候了。

綾織 不、不，距離截稿期限還有一些時間（笑）。

靈人 噢哦，原來如此。

綾織 是的，沒關係（笑），感謝您的關心。

靈人 我心想也該是出來的時候了，只不過若是太早公布內幕的話，又會失去新聞價值。

綾織 哦，是的。謝謝您。在此想先確認一下，請問您是瞭解這次新型冠狀病毒的核心人物嗎？

靈人 嗯，基本上，是其中一名負責人。

綾織　您是負責人就對了。

靈人　嗯。

為什麼要選在這個時機蔓延開來

綾織　這一次的病毒傳染力非常高，中國境內有幾處都已經淪陷，我感覺這似乎有一些針對性。能否告訴我們，選這個時期在中國引發這般感染疫情的意圖？

靈人　嗯……。嗯，如果不在這個時機點引發的話，將會出現更大的災難。的確，我想要讓中國將心力集中在自己的內政問題上。

綾織　也就是說，您認為中國會對境外其他國家做出更大傷害的事？

靈人 對，他們會展開攻擊。

綾織 攻擊？

靈人 他們考慮讓香港「維吾爾化」，或讓台灣「維吾爾化」、「西藏化」。

綾織 原來如此，也就是說，他們已打算具體開始行動……。

靈人 他們已經訂定了攻擊計畫，原本應該在今年就會端出強硬手段。

綾織 原來如此。這是因為香港從去年開始已經持續半年以上的遊行抗議活動，再加上台灣蔡英文總統在今年一月連任，才進而讓中國打算選定這個時機攻擊嗎？

靈人 在我們此次的行動當中，蘊藏著非常深的含義。香港頒佈了不可戴上口罩的「禁蒙面法」之後，被民眾大舉抗議「撤回」禁令，沒想到如今口罩極度短缺，中國境內也陷入口罩荒。

我們想要中共知道，在此次疫情當中，隱藏著「某種教義」。也就是說，我們想藉此讓他們了解「自己做了哪些極其不人道的壓抑行為」。如今每個人都急需口罩，大家都陷入了不知所措的狀態當中（笑）。

綾織 我想確認一下，根據報導指出，武漢市有多處生物安全實驗室，或是生物產品研究所之類的機構，所以病毒有可能是從這些地方洩漏出來。您對這個說法有何看法？是否其中真有關連性？

靈人 若是新型冠狀病毒開始流行傳播，轉眼之間蔓延整個境內，導致眾多人們死亡，藉此便可以讓他們體悟到，「今後要是使用生化武器，將會是多麼不人道」。

有時生化武器不會在國內使用，而是用來攻擊國外或外來的反對勢力。

若是使用核武一下子就會被識破，所以使用不易，但如果是使用生化武器就不會留下證據，所以他們會卯足全力在這方面展開研究。最後，假如遇到像是維吾爾族發起反對運動時，就可以利用生化武器，讓人們因疾病而死亡。

所以，有必要讓中共領導高層知道，「那麼做的下場會變成怎樣」。

是何種因素導致新型冠狀病毒產生突變

齋藤　大川隆法總裁剛才的解說中提到，現存的冠狀病毒約有五十種，其中有幾種會對人類造成影響。

幸福科學的信眾當中也有許多醫師，根據他們的報告指出，通常冠狀病毒並沒有這麼惡劣，唯有真正特殊的病毒才會不斷進化。

然而，此次出現的正是高致死率及會大幅突變的病毒，這是否意味著背後真的有人為操作，或者是有何種靈性作用強烈運作著呢？

靈人 就地球人類的方式來說，目前出現了一股「殺戮」的意念。換句話說，有一股「想要殺掉敵人」的意念，盤旋形成像是烏雲一般的東西籠罩著地上，致使那些細菌、病毒的「殺人性」被增強了，進而變得惡毒。那股想要置人於死的「憎恨意念」，將病毒變得更加惡毒。總而言之，就是有一股讓病毒「惡靈化」的力量。

因為極度充斥著那般意念，進而就引爆開來了。

齋藤 也就是說，中國境內充滿著「殺戮」的意念……。

靈人 沒錯，大量殺戮的意念。

綾織 這部分，主要是來自共產黨的……。

靈人 很明顯地，那是「共產黨病毒」。

齋藤 共產黨病毒？

靈人 嗯。

綾織 共產黨領導層「想要殺戮」、「想要鎮壓」、「想要斬草除根」的意念，強烈地四處擴散著。

靈人 沒錯。不過，如果沒有發生這場疫情，除了生物武器，他們還會使用化學武器。就有人在中東使用過化學武器，那也是難以採集到證據，最後就會演變為釀成多人死亡的憾事。

雖然川普通常都是發射短程導彈，讓人非常明白地知道他的態度，不過由於很多人會來陰的，所以也會採行生化武器或化學武器攻擊。

北韓也在研究生化武器。若是突然使用核武等，很快就會遭受反擊，但利用生化武器就很容易地能夠引發混亂和人心動盪。

為何發生在中國武漢？

綾織　輿論都認為「發生源在生鮮市場」，但實際上……。

靈人　不，跟那個完全無關。

綾織　沒有關係嗎？

靈人　那只是一個幌子。

綾織　哦。

靈人　那只是對外界有所交代才那麼說的，其實完全無關。

綾織　那麼我們該如何理解病毒的發生源呢？是美國、北韓，還是中國研究的生物武器所導致的嗎？

靈人 我剛才已經說過了，試著仔細想一下。試著仔細思考世界情勢中所發生的事態就會知道了。我只能說這是一場唯有高智慧才能完成的作戰。

齋藤 武漢擁有世界頂級的第四級生物安全實驗室……。

靈人 沒錯。

齋藤 也就是說，中國科學院的武漢病毒研究所和生化武器有關？

靈人 是的。

齋藤 因為疫情是在武漢爆發，也就是說……。

靈人 這裡就是核心，光看收治病患、一床難求的醫院現狀，就意味著事出必有因。沒錯。

齋藤 所以原因出自於中國嗎？

靈人　嗯。其中受到某些「原因」的影響，或許有一股力量「讓蛋殼破裂，使蛋黃溢出」。

齋藤　原來如此。中國雖然自己製作了生物武器，但像是使用了合氣道的絕技一樣，摻入某些其他的意圖，最後演變成中國意想不到的結果。

靈人　嗯，再加上他們的衛生觀念相當不足。總之，我們做了整體考量。他們只想投入「殺人的研究」，但是「防禦的研究」卻不足。他們太輕忽了，沒有想到萬一外洩之後會變成怎樣。不過，我們這還只是選擇了受害程度較輕微的病毒而已呢。

綾織　這樣還算輕微？

靈人　嗯。他們還有更厲害的武器。

綾織　啊，原來如此。

靈人　他們還研發了更為惡劣的生物武器。

綾織　原來如此。

靈人　他們可正著手研發更為惡質的病毒，也就是「高致死率的病毒」。

盡是高齡者、體弱之人的死亡的原因

靈人　這種新型冠狀病毒，基本上一旦感染，只要有體力就能治癒。不過老人和體弱者若是感染到的話，就會死亡。這其實除了是為了「戰爭用途」所開發外，另一個目的就是「用來解決中國高齡化人口的問題」。因為中國無力對上了年紀的人支付退休金，所以必須讓已達一定年齡以上的老人死亡。要讓這些人口死亡，最安全的死法就是讓他們染病。這個構想等同於納粹毒氣室。八十歲以上的老人一旦染上肺炎，就會以極為自然的方式死亡。

齋藤　從這一次疫情的資料中可以看出，的確有很多老人或體弱多病的人罹患肺炎。

靈人　是吧。正是如此。

齋藤　據報告指出，嬰兒或幼兒鮮少發病，即使染病也都是輕症等級。

靈人　雖然中國是為了和外國作戰，進而開發生物和細菌武器，不過如同剛才所言，還能用來解決國內的高齡化問題……。畢竟中國實行的是一胎政策。日本也有高齡化問題，一旦人口邁向高齡化，政府就會面臨發不出年金的問題。

男性的退休年齡大約在六十歲，女性則是五十歲左右，就算女性擔任主管職位也只會工作到五十五歲左右。當這些人退休時，國家就必須支付年金，所以必須讓他們早點死亡。在這種極權主義國家，人們因如此疾病的肆虐而死亡後，國家只需挖一個洞統一埋起來或燒掉，便可輕鬆解決問題。如此行徑，根本就是把人命當成小鳥來對待。

齋藤　這個疾病的背後，是否意味著有「減少人口」的意圖？

靈人　對對對，這也納入他們的研究當中。

齋藤　所以並不只是單純的攻擊用途。

靈人　嗯嗯。雖然也可用於「攻擊」用途，不過原本是預定用在解決「內部問題」。此外，維吾爾族和其他紛紛擾擾的南蒙古、香港，都可依情況利用「這種手段」來解決。如果大張旗鼓的用導彈或轟炸機，就會受到國際社會輿論排山倒海而來的譴責，然而只要派特工潛入散播，局勢就有可能逆轉。

好比當這種病毒在香港肆虐蔓延，雖然不得不關閉中國邊境，但只要香港一發出「救救我們」的聲音時，中國就能以「提供協助」的形式進入其中，進而掌控香港的局勢。如此一來，就有可能扭轉情況。

3 一個病毒牽動國際政治情勢

透過超越AI的工具，看見整個地球的動向後決定介入

綾織　原本中國共產黨就有那樣的意圖，而您們是否稍微利用了這個部分，動了某些手腳，讓這次的疫情擴大成如今的狀態呢？

靈人　我無法明確地說我們用了什麼工具，不過我們可是擁有超越 Google Maps 的技術，在地球的哪個角落發生了什麼事情，我們全都一清二楚。

綾織　原來如此。

靈人　我們在那一方面的計算能力，已經超越ＡＩ的層級。

齋藤　也就是說，中國現今的狀況，正呼應了佛教所說的「惡因惡果」。

靈人　是的。

齋藤　目前的中國政府，基於「想殺人」的意念研究生化武器，又或者是還在想要擁有可縮減國內人口的力量，沒想到卻反撲到自己身上。我感覺到他們原本想要藉此縮減「老人人口」，但卻因「某人」的意志，進而中了招數，自己不得不去經歷病毒的恐怖。

靈人　就是這麼一回事。所以，就算他們遭逢意外事故，也會拚命掩飾，絕對不會對外公布。如果是武漢實驗室自己闖了禍，武漢市也會想辦法對北京隱瞞。但是我不清楚這個事故是否為偶發事件，總之，那是有可能發生外洩的。

綾織 方才您提到了，您能掌握地球上每個角落發生了什麼事情，也就是說您是從宇宙上空眺望著……。

靈人 嗯，就是那麼一回事。不過，我們只有在極少數的情況下才會介入地球事務，只有在非常必要時期才會介入。往後要看香港人是否有錢，只要看有沒有戴口罩就知道了。因為口罩會變得很貴（笑）。

綾織 到處都變貴了。

靈人 對於香港，總是要做點什麼才行吧！日本政府對於香港毫無任何聲援，歐洲也幾乎無動於衷，英國也是同樣的情形。

美國只有從關稅上威脅中國，對於香港問題多少還算是有些動作，但大多都是「虛張聲勢」而已。此外，美國也介入了伊朗的事務，對美國來說，還得處理伊朗這一邊的問題。

綾織　原來如此。您看到整體的動向後，所以才決定「現在不出手不行了」。

靈人　至少，習近平的聲勢，現在掉了一半了。

必須向全世界公開中國「輕視人命」的習性

齋藤　只不過，在一月二十八日的時候，習近平對前往北京訪問的世界衛生組織秘書長說：「疫情是魔鬼，我們不能讓魔鬼藏匿。」

靈人　沒錯，「共產黨病毒」就是惡魔。

齋藤　（笑）習近平還悠然自得地說「這是惡魔」、「現在，中國人民正陷入新型冠狀病毒肆虐的嚴峻漩渦中，這是魔鬼，絕對不能讓魔鬼藏匿」，若是從善惡的角度來看……。

靈人　要是冠狀病毒蔓延到北京市內，對他們而言就真的是惡魔了。接下來，如果北京束手無措，民眾的不滿就會因此爆發吧！其實現在就已經累積了不少不滿了。

齋藤　現在武漢市中的一千一百萬人，已經完全被封鎖起來。

靈人　不，其實早就有五百萬人逃出來了。這次的病毒感染，已經蔓延到整個中國了。甚至還有未出現症狀的潛伏期帶原者正四處遊走，所以實際上的感染人數更多。

齋藤 根據醫師的報告指出，即便病患通常會先有發燒症狀，不過就新型冠狀病毒來說，有著「潛伏期間長」、「不容易分辨是否已受到感染」、「不易被醫檢篩檢到」的特性。為此，在病患出現症狀之前，早已將病毒散播出去了。關於這一點，是有什麼原因延長了發病的時間嗎？

靈人 還有一點就是，中國本身輕視人命，很少會抱持著「醫療機構專責救助」的心態來救助生命。從衛生觀念來說，中國也輕視能拯救性命的行為。正因為人口眾多，所以才出現輕視生命的傾向。如此狀態，有必要向全世界公開。必須讓全世界人們知曉，中國在面對人命關天的事情時，是如何地沒有建立對策。

「因一個冠狀病毒而牽動國際政治情勢」

綾織　基本上，共產黨政治所採取的方式就是「管制資訊」……。

靈人　嗯，管制資訊，就是這樣。

綾織　他們也會透過隱匿消息來處理問題，接著，再採取下達強權命令的作法。然而這次卻適得其反。其實早在十二月初就已經出現感染案例，有醫師在網路上發布這個警訊後，卻以「散播不實謠言」為由遭受處分。

靈人　嗯、嗯、嗯。是的，沒錯。

綾織　結果，大概過了一個半月官方才終於承認，不過這個時候疫情早已蔓延開來了。

靈人 嗯。而且有趣的是，北韓往來的貿易國幾乎都是中國，然而在這個節骨眼，北韓卻非常厭惡中國人入境，看來北韓真感受到了存亡的危機感。韓國要仰賴中國攻擊日本，並試圖在南北統一後，將國際政治利益帶往自己這一邊，不過如此算盤已經打不下去。

前幾天，雖然時間短暫，韓國總統有過來……，是他的守護靈來到這裡，現今他應該正在哀嚎著（參照本書第二部第3章）。中國一旦停工，韓國的工廠也就跟著處於無法運作的狀態。

這就像是要讓天秤保持平衡一般。由於主張「如果現在不和日本和平相處，不知是否還撐得住」的勢力日益強大，所以韓國正陷入政權動盪的狀態中。嗯，單單一個冠狀病毒竟如此牽動著國際政治的情勢。

新型冠狀病毒肆虐的「第一波信號」

綾織 這三個國家，彷彿像是從根本開始動搖了。

靈人 是的。日本也在動搖呢。

綾織 啊。

靈人 假如日本的經濟也跟著停滯了，日本的政局也會跟著動搖。其實早在去年十二月※，大川總裁就已經提過，中國景氣衰退也將波及日本。

儘管如此，這還不是全部，這只是「最初的前奏」。

綾織 前奏。

靈人 首先，這是為了預告「可能會到來的經濟衰退」，接下來還會有後續狀況發生。

現在，已有不少日本企業開始撤離中國，日本人也開始撤回。

在這之後，日本是否還能繼續透過中國觀光客來提升國內景氣呢？這都是我們在觀察之後才出招的。

希望日本可以不要去依賴中國，將結構轉換成另一種模式以支持國內經濟。

在這個冠狀病毒的肆虐下，日本工廠已經出現撤離、撤出中國的情形。

說實在的，現在的確應該要在日本人口稀少的地區開設工廠。

※ 去年十二月　曾在2019年12月17日所舉行的法話「邁向嶄新的繁榮時代」中提及。參照《邁向全新的繁榮時代》（幸福科學出版發行）

現在就是很好的時機，不過當今的政權卻不這麼想。

這只是發出「第一波信號」而已，後面還會有第二波、第三波。

4 新型冠狀病毒有「疫苗」嗎？

能擊退新型冠狀病毒的免疫力量為何？

綾織 所謂第二波、第三波，也就是說，還會發生其他令人震驚的事件嗎？

靈人 還有其他的。

綾織 是這樣啊！

靈人 目前疫情蔓延的情況仍會持續一段時間，在那之後第二波、第三波還會接踵而來。

綾織 那會是疾病嗎？還是會發生地震嗎？或是會有其他各種可能性呢？

靈人 如果你們可以自己撰寫《舊約聖經》的話，接下來你們應該可以寫下許多神所降下的警示。

綾織 難不成「索多瑪與蛾摩拉」的狀況會……。

齋藤 譬如，會不會像是SARS當時的情形一樣，在宣告平息後又再度來襲？又或者是接連發生其他疾病或事件？我們該如何預測未來呢？

靈人 總之，全世界都討厭當今中國的作法，約有百分之八十的日本人也討厭中國，喜歡中國的人僅有百分之十幾。或許那是因為和中國之間有著經濟利益，但現在也受到侵蝕。終究世間存在著可以廣布的想法和不可以廣布的想法。

我剛才說這個叫做「共產黨病毒」，但反過來說，世間也同時存在著

「信仰免疫力」，只要具備「對神的信仰」就能產生免疫力，讓人不會因這病毒死亡。

綾織　不會死亡。

齋藤　您是指醫學層面上的不會死亡？

靈人　不會死亡。

齋藤　因信仰而出現免疫力，肉體會產生變化。

靈人　所以說，病毒會在唯物主義者中流行。

齋藤　所以稱為共產黨病毒……。

靈人　對，在唯物主義者中廣為流行。

綾織　世間有各式各樣的信仰。譬如，有基督教或佛教信仰，不過最重要的還是率直地抱持信仰神的心境，對吧？

靈人 若是將「不相信神的人」和「相信神的人」，區分成兩個族群，你就可明顯看出神是站在哪一方了。不過，當都信仰神的雙方彼此爭鬥的時候，那就有點難處了。

中世紀的基督教，在發生舊教和新教衝突時，也因瘟疫肆虐而造成雙方出現許多死者，即便有人開始認為「必須停止宗教戰爭了」，卻仍舊會有發生瘟疫的時候。當時我們也有所介入。

然而這個可以透過信仰加強免疫力，進而加以擊退。因此有信仰的國家，比較沒有疫情蔓延的問題。

綾織 也就是說，如此方法既適用於國家層級，也適用於個人？

靈人 沒錯。

齋藤 只要抱持著信仰，在靈性上就會產生影響……。

靈人 也就是所謂「削弱病毒的惡性力量」。

病毒雖小，但病毒中宿有著惡性意念，也就是說病毒「變得像是惡靈一樣」，甚至還具有致死性。

體弱之人因病離開人世，原本是件傷悲之事，不過其實這也迎合了中國共產黨一部分的需求。若是看穿中國當局的意圖，就會發現他們輕視人命。甚至很明顯地，中國有著如同當時納粹黨一樣，「只留下優秀基因，殺掉劣等基因者也無妨」的想法。

有必要對這方面進行思想改造。

病毒流行的機制

齋藤 估計習近平也知道位子快保不住了，所以還懂得稍微自我反省，「中國領導層承認對新型肺炎的因應有誤」、「官方承認有錯誤之處」，如此的反省非常罕見。藉由反省，中共領導層的態度進而改變，疾病會因此痊癒嗎？

靈人 中國的領導層也都逐漸高齡化，一旦感染，立即死亡的可能性相當高，想必他們感到害怕了吧！都是一群高齡者，對他們來說很危險啊！當病毒壓制北京時，將變成一場浩劫，所以他們很想在北京周圍築起一道萬里長城，但如此一來「中國的國土」就會變得很小啊！

綾織 之所以這個病毒稱為共產黨病毒，是因為唯物論的想法讓病毒惡性化。

截至目前，幸福科學已經揭露各種惡靈或惡魔的靈性存在，對於中國所造成的影響。我們是否可以認為，正是因為那些邪惡的力量，才讓病毒惡性化了呢？

靈人　嗯，用你們的科技去加以分析，這的確有點困難。本來，中國的攻擊意念是朝向香港、維吾爾族、台灣、日本還有亞洲其他國家，再逐步延伸到中東、歐洲、非洲。他們原本打算以各種型態，以彷彿蝗蟲大舉入侵的方式進攻。這樣的靈流已經開始流動，而這樣的靈流，我們……，哦，不妙，竟然說出來了。總之我們已將這種靈流擋了下來，封在中國國內了。

綾織　原來如此，也就是說您讓那股靈流在中國內部打轉。

靈人　沒錯。若是用你們也懂的方式來說的話，就是我們創造出了某種「靈性結界」。

綾織　哦，原來如此，也就是「將其封於一個結界當中」。

靈人　這也是讓人們看到，我們是如何「牽制中國」的。

中國蹂躪人權的行為已達到神佛也難以寬恕的地步

藤井　正如您剛才所說，以世界客觀的角度來看，現今中國共產黨政權是屬於被隔離、孤立的狀態。

靈人　的確是被隔離的。

藤井　現今真的已形成那般狀態。

不過，聽完您的一席話語，我感覺到那是起因於一股非常明確的思維和意圖。

靈人 的確我們是有明確的意圖。

藤井 之所以會選在這個時機……。

靈人 現在不做的話，局勢就會被逆轉，那般惡性意念的靈流，將搭上中國不斷擴張的浪潮，開始進攻各個地方。他們已有明顯打算「就算國內的經濟失速，也要在海外挽回頹勢」。

如果我們現在不出手的話，局面就會恰好相反。現在應該早已發生到處火勢不斷竄升，國土燃燒、人民到處逃竄的情況了。

藤井 剛才有提到，您是從上空俯瞰的角度觀看地球，也就是說「中國是現在的關注重點」嗎？從國際政治來看，即便伊朗也發生了事件，但現在最關注的焦點就是中國嗎？

靈人 今後中東也將成為一個大問題，該如何收拾這個局面，是另一個問題。不過，香港、台灣的危機已經相當逼近。香港、台灣還有中國國內的問題。中國國內被蹂躪的人權問題，已經到了非常誇張的程度。

對此情形，即便是美國也出不了手，最多只能用關稅來箝制，只要中共管制了資訊，外界根本不知道裡面發生了什麼事。

所以，被關在新疆強制收容所的人，到底有三百萬人、兩百萬人還是一百萬人，外界無從得知。就連在海外從事反對運動者，他們的家人也受到拖累，這些都是必須要予以徹底譴責的地方。

佔世界五分之一人口的國家，竟公然做出這種事，這已經達到神佛也難以寬恕的地步，也正是應打開鍋蓋，讓外界看清其內部的時候了。

綾織 包括日本的國際社會應該要求中國，「向世人公布中國到底發生了什麼事」、「必須將所有一切都攤開來」。

靈人 國際社會必須要加以施壓。

所以，國際在處理中國最不想做的「拯救」作業，已經進入下一個階段了。中國國內醫院無心拯救人命，資源不夠、醫師也不足，要見死不救也很簡單，到處都在使用不合用的藥物或過期的藥物。醫療疏失，真的是數不勝數。

這些狀況，必須讓他們全部公開出來才行。

外國救援進入後，中國的實情終將被揭露

綾織 以蘇聯來說，在發生車諾比核災事故之後，戈巴契夫便採取開放政策，

主動決定公開訊息，雖然最後導致體制瓦解，但我認為這樣下去，中國會被強制性地公開資訊。

靈人 現今中國只是對外彰顯自己的經濟成績，讓國外感覺到中國經濟飛揚。除此之外的所有惡事，都被掌控資訊，完全不讓外界得知。現在疫情已經受世界媒體這般注目，接下來若是到了必須求助國際社會的地步時，縱使習近平試圖挽救，但只要看看武漢市現在的狀況，就會知道那已經是到了「完全無能為力」的狀態了。

綾織 是。

靈人 就像從電視上看到的情形一樣，他們出動了許多堆土機，搭建臨時建築物。照理來說，他們是想要挖個洞將活生生的患者丟進去，淋上汽油後再一把火燒掉。

不過世界上有太多雙眼睛在看，就算心裡想也無法這麼做，所以基本上假裝蓋一個收容所的樣子。

然而一旦爆發到不可收拾的地步，外國救援就會進入。到時候就沒有拒絕的理由了，屆時真實樣貌將會逐漸暴露出來。

中國未製作疫苗

齋藤 通常，在開發病毒時，也會同時開發疫苗，以便萬一發生問題時可供因應之用，但是這一次，中國沒有這麼做嗎？

靈人 他們沒有製作疫苗。

齋藤 是因為腦中只想要減少人口？

靈人 他們除了想要解決自己的龐大人口，還打算減少其他國家的人口。事實上，更可怕的是，如果他們將飛機飛到日本大都市上空，再將生物武器像是投擲炸彈一樣投下來之後，病毒瞬間就會蔓延開來，而且趁半夜投擲的話也沒人知道。

綾織 若是現階段沒有疫苗的話，正如您剛才所提到，「信仰」的部分就變得相當重要。

靈人 嗯，據說愛滋病用藥似乎能起一些作用。

綾織 是。

靈人 罹患愛滋病的人，若失去了免疫力也會死得更快，所以愛滋病疫苗多少能發揮一些效用。

這個冠狀病毒也是一樣，免疫力較弱的人很快就會死亡，所以有可能透過增強免疫力來幫助康復，不過現在他們沒有那麼多的愛滋病疫苗。

綾織　若是以因果緣起的觀點來說，「藉由增強信仰心、心境的強度，有助於提高免疫力，戰勝病毒」，確實有直接關連。

5 疾病和天變地異促使人們反省

愛滋病等疾病是對社會歪風的警告

靈人 一九八〇年代美國爆發愛滋病的時候，就是我們提出的警告，將愛滋病病毒送往世間。

綾織 是您們計畫的嗎？

靈人 是我們計畫送進去的。

最初我們只讓病毒「蔓延至同性戀者或那種同性愛者之間」，以做為警告，然而人們卻不當一回事，最後就變成「一旦蔓延開來，無論是同性或異性都會波及到」。當社會出現了歪風時，我們就會送進這種疾病。

綾織　在人類歷史中，屢屢發生這種事情。

靈人　我們曾不斷地提出警告。在這一百年當中，最少也有兩、三次吧！「西班牙流感」就是如此。

齋藤　據說，當時全世界有兩千萬人以上，甚至說有五千萬人以上是死於西班牙流感。

靈人　是，那是發生在大戰之前。我們在大戰引爆前，讓西班牙流感的疫情擴散開來……。

至於為什麼是西班牙流感，主要是因為過去五百年來的帝國主義侵略戰爭，都是以西班牙為中心。

齋藤　所以在「第一次世界大戰」的時期，讓西班牙流感爆發，造成數千萬人的死亡。

此外，鼠疫也是……。

靈人　沒錯。

齋藤　十四世紀的歐洲，約有兩千四百萬人死亡。鼠疫也被稱為「黑死病」，您和這個瘟疫也有關連？

靈人　在那個時代當中，人們拚命地獵巫或審判女巫，這是在宗教領域中極為不應該的行為。他們將活生生的人綁在柱子上燒死、進行異端審判、宗教正邪不分。為了警告人們不可再犯下罪過，進而將引發了那場瘟疫。

綾織　那也是人們所形成的惡性意念所致……。

靈人　沒錯。

綾織　結果反撲到自己身上了……。

靈人　病毒因此變得惡性化。當那股意念累積到一定程度時，必定會以某種形式瓦解，進而讓疫情大爆發。

齋藤　那麼，這次則是透過高次元的力量，築起了高牆，讓那些病毒關在中國當中嗎？

靈人　我們既能夠將其關在中國當中，也能夠像哥倫布當時一樣，哥倫布一行人將西印度群島原住民身上帶有的梅毒病毒帶回來，之後不出百年，疫情就在世界各地爆發開來。

以現代來說，那意味著神絕不容允許「種族差別」和「性侵」等非人道行為，也教導人們「性純潔」、「維護家庭生活」的重要性。人們完全沒認識到這般神意，致使梅毒廣佈至各地，連英國王室都感染上了。

疫情會持續至中國人認識到「這一切源自某種天意」為止

綾織　特別是過去中國的王朝時期，若是在「王朝政治動盪，民不聊生」，必定會爆發某種傳染病，進而摧毀王朝，讓新的政治體制崛起。

靈人　即使中國人都變成信奉唯物論，但他們也絕對不會忘記「當天意出現之際，即是革命起義之時」的道理。我們會讓這個疫情，一直持續到他人認識到「這一切源自於某種天意」為止。所以，我們並沒有打算將其傳播到世界各地去。

綾織　原來如此。

靈人　在他們尚未感受到「這是源自中國境內的問題」的天意之前，我們是不會收手的。

若是疫情一直延長，不久就是東京奧運，或許就會對其造成影響。不過，我們沒有去考量東京奧運的經濟效益。想要舉辦的話就舉辦吧！

若沒有爆發疫情，香港和台灣已變成一片火海!?

靈人 假如現在我們沒有出手的話，你們應該不想看到香港和台灣變成一片火海吧？

綾織 實際上，之前您已經預見這種情形會發生了嗎？

靈人 他們已經在準備了。應該說，他們在之前就已經準備好了。

綾織 原來如此。

靈人 所以，只要中央下達命令，轟炸機和導彈就會朝向香港飛去。

綾織 曾經有新聞報導「去年底時，中國軍人的薪餉突然被調高」，莫非這也是各項準備之一？

靈人 那是「危險津貼」。

綾織 哦，危險津貼。

靈人 危險津貼和「封口費」。

綾織 哦，封口費。

靈人 嗯。

綾織 原來如此。那麼，中國幾乎都已經完成準備了？

靈人 嗯，他們必須趁美國進行軍事干預之前，先「瞬間殲滅」。雖然美國現在正在處理伊朗的問題，中國會以為「美國正忙於處理伊朗」，但這或許是川普獨特的迂回戰術。

綾織 這樣子啊！

靈人 或許是美國想要讓中國認為，「若是美國開始處理伊朗問題，就會花很多心力，屆時就無暇對中國出手」，進而誘導中國顯現出本能來。

綾織 誘導……。

靈人 川普總統的彈劾案結果已經出爐，他應該會開始行動。中國所預想的，或許和川普心裡想的有所不同。

綾織 原來如此。

靈人 嗯。

綾織 也就是說，美國處於一直盯著中國的狀態？

靈人 美國打算出手，但有可能採取聲東擊西的戰術。

綾織 原來如此，明白了。

對習近平以國賓身份前來日本的影響

藤井 環視當今的世界情勢……。

靈人 嗯。

藤井 身為日本人的我們，在與中國的關係上，今年四月將以日本國賓規格接待習近平。然而，日本卻幾乎未採取任何防疫措施，關於這一點該怎麼看待？

靈人 若是疫情延長到四月的話，屆時就會出現「不能將冠狀病毒帶入皇居」的想法。

意圖讓中國出現「披露訊息」、「民主化」的動向

綾織　方才您有提到，你們並沒有打算將病毒散佈至海外，但我認為各個國家仍有必要採取因應對策。關於這一點，有什麼辦法可以防止無辜的患者或死者出現？

靈人　通常「人死」並非是一件喜事，所以從你們的立場來看，現在發生的一切都是邪惡的。現今染上肺炎的高齡者及體弱之人都先死去，但這些人本來就是終將被中國殺害的人們。

那是遲早的問題，現在若出現景氣下滑的局面，那些被列入「預定名冊」當中的人，就會被一一殺死。中國醫院本來就沒有具備足以救治那般人數的規模，無法提供足夠的病床。透過此次疫情，我想要讓中國人

知道這個現狀。

在發生了如此疫情之後，我想要讓人們認識到「中國政府必須更加重視醫療、更加重視國民」。並且，我也意圖讓人們要求中國政府，要對國民揭露所有惡事，不可再加以隱蔽。

所以，基本上我希望「台灣、香港式的思維」能夠支配中國……。正如愛爾康大靈※所說的，我打算引導中國朝向那樣的方向。

而此次我就是使用了興起疫情的方法。

綾織　也就是說，這是否代表中國境內將同時興起，如香港那般追求民主化的運動呢？

靈人　這個疫情是引發民主化運動的契機之一。如果沒有發生這種疫情，任何小國都無法違逆大中國，只要中國往前踩一步，就會被踩扁。然而，現在已被六十個國家厭惡到「不希望中國人過來」的地步。

如此一來，就無法進行貿易往來，既無法交易，也無法投資、無法簽約，更無法組團旅遊。

他們也將中國觀光客做為戰略使用。他們將大量觀光客送往各種觀光地、島嶼，那些地方就會認為「必須得打造更多基礎建設」，進而大興土木興建。有時還會讓那些國家貸款建設，最後只要禁止觀光客前往，不用多久就沒有辦法償還貸款，進而不得不低頭拜託北京高抬貴手。

他們一直都是在用這種手法，對日本也是一樣。而

※　愛爾康大靈　地球靈團的至高神。除了身為地球神，從地球創世以來便引導人類至今之外，同時還參與了宇宙創世。現今以大川隆法總裁之姿轉生於日本。參照《太陽之法》、《信仰之法》等（皆為幸福科學出版發行）。

現在，我們就是要阻止他們再繼續那樣做。

意圖改變中國、北韓、韓國文化圈

齋藤 在一月三十日，大川隆法總裁看到了這個狀況，便降下了名為「源自中國之新型冠狀病毒感染擊退祈願」的祈願。祈願經文當中，有一段寫著：「愛爾康大靈啊！在您的聖名之下，請拯救相信您之人們。請促使中國進行反省。」

靈人 嗯、嗯。

齋藤 這個祈願有著「促使中國進行反省」的目的。對此，您的看法是？

靈人 基本上，他們都是「不懂得反省的人們」。中國人不會反省，北韓人也不會反省，韓國人也不會反省。

若不改變這種文化圈，未來將成為「亞洲的癌細胞」。他們不僅不懂反省，還會習慣捏造謊言。捏造「虛假的歷史」，逼迫他人反省，並從中逼迫賠償，勒索金錢。

那種手段幾乎就和暴力組織一樣。這就是共通於中國人、北韓、韓國的文化基因。

齋藤　的確，中國確實在隱蔽疫情，他們會竄改確診人數。無論是上一次的SARS，或是這一次都一樣充滿著謊言。此外，韓國也是一樣。您在引發這次疫情時，是否也有意圖要去改變這般謊言文化呢？

靈人　過去蘇聯還存在的時候，世人經歷過東西方冷戰、柏林圍牆倒塌、北韓逐漸瓦解的歷程。今後，必須要讓北韓等國，如同羅馬尼亞的尼古拉・

希奧塞古獨裁者一樣，真正走到盡頭才行。若是這一天沒有到來，就太奇怪了。我們認為必須要使其走向終焉才行。

美國預計也會發生天變地異

綾織　那是指二〇二〇年後起的幾年內就會發生了嗎？

靈人　之後還會發生各種事件，沒有那麼快就結束。

在中東，存在著以色列對伊斯蘭體系的問題、伊斯蘭教圈國家的紛爭。

此外還有歐盟的問題，或許俄羅斯會再次崛起，所以世界還存在著不少複雜的要素。

美國本身也不是沒有問題。若是一不小心，美國有可能會發生像以前的

「巴力邪神信仰」，人們變得用金錢來衡量幸福和信仰。

綾織　川普總統是否也是這樣呢？

靈人　他也不是完全沒有那樣想，就看未來會變成怎樣了。美國民主黨的前途已經瀕臨危險，他們的「西部拓荒劇」已經來到西海岸，接著就要掉入太平洋了。我認為美國的自由主義即將終結。對於認為自由主義即是「民主主義」的人而言，如果不納入新觀念，那般文明就有結束的可能性。

綾織　那是指會發生天變地異嗎？

靈人　是，特別是西海岸。美國西海岸，預計將發生相當多的天變地異。

綾織　相當多？

靈人　對，而且是「接連發生」。因為錯誤的想法不斷擴散中。

目前正在推敲數階段的構想

齋藤 十年前，大川隆法總裁曾召喚美國知名預言家愛德加・凱西※之靈，他曾說過「十年內將爆發神秘的疾病，軍團將被解放」。今年剛好是第十年，這是天上界打算透過興起疾病、天變地異，要求世人進行改革、變革嗎？

靈人 我們希望像中國這種忽視基本人權，對人們以謊言進行洗腦的極權主義能夠瓦解。

對於美國，我們也不允許人權無限上綱，背棄了神的想法，誤認為人有著無限的自由，進而變得放蕩不羈。

對於伊斯蘭教圈，我們認為那沿襲一千數百年前所制定的規定，也剝奪了人們的潛在可能，甚至變成造成痛苦的原因。此外，伊斯蘭的思想中也存在各種恐怖主義的起源。伊斯蘭教圈國家也必須公開資訊，換言之要還給人們自由，允許人們有「表現的自由」、「行動的自由」、「選舉的自由」、「選擇領導者的自由」。

地球各地雖然有著「文化時差」，也實施著各種制度，但我們正擬定數個階段的方案，盡可能地讓世界各國往理想的方向前進。

※ 愛德加・凱西（Edgar Cayce） 參照《愛德加・凱西的未來解讀—同時收錄 珍妮・狄克遜（Jeane Dixon）的靈言—》（幸福科學出版發行）。

6　給日本的訊息

「日本也將發生應從根本反省的事態」

藤　井　對於日本的現狀，您認為有何問題呢？

靈　人　關於日本的問題，真的是很難說，但也是到了該覺醒的時候了吧！

就算發生了阪神淡路大地震、東日本大地震，左翼的力量日益強大，國家一直掏錢出來，不斷讓國家的力量越來越弱。

「一九四五年的敗戰」、「維持半吊子的天皇制」、「真實的信仰，或者是說神佛與天皇制之間的關係」，這些議題都必須要「重新討論」。

日本雖因明治維新而變得近代化，但同時在某種意義上卻也捨棄了神佛。人們不再尊崇天上的神佛，而將世間有著國王地位的天皇視為現人神予以供奉，在如此體制下，日本在第二次世界大戰中打了敗仗。

雖然天皇的存在，可代表高天原的日本眾神及普世神靈的存在，並透過祭祀為民眾啟蒙，但我們不希望這種自己不講述任何教義，僅是做為神的代表的狀態一直持續下去。

所以，雖然天皇制是希望藉由延續天皇與皇室，讓做為宗教民族的日本能夠繁榮興盛，不過我們認為現今一直延續著不是很好的皇室型態，國家制度中的民主主義也開始腐敗。

譬如，最近日本國會中，雖然質詢的時間不是很長，當時某個在野黨議員質詢政府官員為何當時不認可幸福科學大學的設立，該官員回答「因為他們做了不正當之事」、「校長的資格有問題」等等，總之他們想要說的是「既然幸福科學已經設立政黨了，就不需再協助他們設立大學了」。

既然如此，在野黨應該再追問「也就是說，政府不認可成立其他政黨的團體設立大學嗎？」

如果官員答覆「沒錯」的話，那麼他們所服務的對象，就不是身為納稅人的所有民眾，充其量只為自己的黨服務罷了。這也意味著那是出自有利於自己政黨的作法，這讓日本的民主制度陷入腐敗的泥沼中。

實際上，長期由同一個政黨執政，就會變成只為了服務自己的政黨利益，努力擊敗他人，讓自己的人成為握有實權的部長級人物。並且，為了鞏固權力基本盤，就算財政出現赤字也在所不惜，到處扯謊、掩蓋。

所以實際上，國會議員的答辯中充滿著虛偽和謊言，官僚到最後也全都變成「說謊專家」。

這也是明治維新之後所建立的制度，我認為該是到了對這個部分重新討論的時候。必須覺悟到，日本也將發生應從根本反省的事態。

綾織　那也是指天變地異嗎？

靈人　不久就會發生了。

綾織　是。

靈人　說起日本教育部的問題，就算上天降下了那麼多的懲罰，政府都還不知道自己哪裡有錯。既然如此，那我們就持續下去，看你們什麼時候才會察覺錯誤。

中國發生天變地異的事件，已被明確預言

齋藤　今年（二〇二〇年）年初的一月二日，大川隆法總裁和守護地球的外星人有所接觸時，同時得到了「今年是強力阻止極權主義擴

張霸權的一年」的訊息（參照本書第二部　第1章）。

靈人　而另一個訊息就是，「中國軍隊正打算對香港、台灣、尖閣諸島發動攻擊，做為來自宇宙的威嚇行動，將在中國引發看似天變地異，又看似神意的事件」（參照本書第二部　第2章）。

齋藤　是。

靈人　這是一月三日的事。此後便發生這次新型冠狀病毒的感染事件。

齋藤　對，這還只是序章。

靈人　興起如此事件，是有著明確的意圖？

沒錯，沒錯。

蔡英文當選之後，大致上就知道中國的盤算了。日本也有著應該履行的使命，但目前還沒有建立能幫助台灣的體制。

日本整體的信仰心尚且淡薄，充其量只有為了追求世俗利益而信仰稻荷大神的程度而已。即便天照大神給予多次警告，日本人還是沒有充分搞清楚。就連皇室自己也必須認真才行，皇室現在應該出現了一股很大的靈性漩渦。

所以，要說出日本即將發生什麼很簡單，不過現在不要說出來比較好。一旦發生時，傳播媒體極有可能會又再度朝反方向去解釋，屆時請你們務必要透過正確的言論予以引導。

你們有著那般使命。

已表明「此次訊息發送者的姓名」

藤　井　方才有提到關於年初的訊息，一月三日的內容是來自宇宙的「R・A高爾※」所傳來的訊息。

靈　人　嗯……。

藤　井　現在正向我們發送訊息的您，是來自宇宙還是哪個靈界呢？

R・A高爾　嗯……。我就是R・A高爾。

藤　井　是。

齋　藤　您在今年一月三日明確表明「將在中國引發看似天變地異，又看似神意的事件」之後，也告訴我們「要好好地看著」。原來您就是指現在所發生的疫情……。

R・A高爾　對。

緊接在新型冠狀病毒之後的「後續」，日本危機即將來臨

R・A高爾　不過，還有「後續」。

齋　藤　後面還有!?

R・A高爾　嗯。疫情會延續到何時？何時才是疫情高峰？之後還會發生什麼？日本也會面臨危機，這些都已經預言過了。

齋　藤　危機會以其他形式……。

R・A高爾　對，危機就要來臨了。關於如何擺脫的方法，你

※ R・A高爾　來自小熊座安達魯西亞（Andalusia）β星的外星人。宇宙防衛軍其中一位司令官，擁有彌賽亞（救世主）的資格。

們必須以「出埃及記」的思維，想辦法擺脫危機。

齋藤 關於「共產黨病毒」，雖然沒有「信仰疫苗」，但還是有所謂的「信仰免疫」……。

R．A高爾 若是日本遭到天懲，那就是因為太蔑視愛爾康大靈了。我們不允許這種狀態再繼續下去，已經到極限了。

齋藤 不過，那些天懲在世間看不到科學或人為的痕跡，人們只認為那些是自然現象，因此很難認識到背後存在著神聖的意圖。這是否是督促人類要從中感受神意，並進行反省呢？

R．A高爾 嗯，在人類感受到神意之前，我們會一直持續下去。

齋藤 在感受到神意之前，會一直持續下去？

R．A高爾 嗯。

齋　藤　明白了。

「我們擁有地球的救世主等級的力量」

綾　織　您剛才使用了「我們」這個詞彙……。

R・A高爾　哈哈、哈哈（笑）。

綾　織　也就是說，您們是好幾位組合在一起，形成了一個協助體制？

R・A高爾　（笑）我是不可能全盤說出的。

綾　織　是。

R・A高爾　因為有「可以出現的人」和「必須隱匿的人」。我們正由「我」或「雅伊多隆（參照本書第二部　第3章）」站在第一線的戰鬥位置，其中還有必須隱匿身份的人。

綾織 原來如此。

R・A高爾 不過，你們必須知道，我們當然具備著地球救世主等級的力量。

所以，如果你們已經忘記，摩西引發了何種神意下的天變地異或自然災害的話，那麼我們就會讓你們知道，那些災害換成是現代的話，會是以何種形式呈現。

你們得要了解到，「我們可以隨心所欲的做任何事」。

必須破壞流於日本的「親中基因」

齋藤 最近，大川隆法總裁巡錫加拿大※時，講演會後有一段答覆當地聽眾提問的時間。

R・A高爾 嗯。

齋　藤 當時，大川總裁解釋了「『黃金時代』的真正意義」。那即是「黃金時代意味著，在二〇二〇年到二〇三〇年期間，有一股強大的力量將一掃地球上的無神論者，以及對神沒有抱持信仰的人們。舉例來說，藉由神的力量，將推倒不相信神的一黨專政、共產主義獨裁的巨大國家」。

R・A高爾 嗯。

齋　藤 我們可以認為此次疫情，是上述計畫的流程

※ 巡錫加拿大　2019年10月6日〔日本時間10月7日〕，在加拿大多倫多舉辦一場名為「The Reason We Are Here」全程英語演講和問答開示的時間。收錄於『現在需要世界正義』（幸福科學出版發行）。

之一嗎？

R．A高爾　對。此外，在某種意義上，日本已經「中國化」了。並且為了經濟發展，反而對中國產生憧憬，甚至出現了試圖模仿和趨炎附勢的傾向。

雖然現在我們對中國進行著制裁，但日本的中國化，也讓日本慢慢走向極權主義。

對此，我們希望在日本，正常的民主主義得以發揮功能，神佛之心也能夠正常地於世間實現。若是國會當中，「官員、議員都不必承擔責任，隨心所欲地扯謊」，或者是「本來應該公正中立的執法者，為了擁護政權而被利用」的體制一直持續下去，對於這般政治的私有化，站在國民上位之人的私欲，完全被公器化的話，那我們就會讓人們知道最終的下場是什麼。

日本在各方面都顯得力量不足，這幾乎都是因為「親中的基因」流於媒體、國民、教育、學問之間，人們多半認為「只有唯物論的科學技術，才算得上是學問」。

對此，若不加以破壞，「黃金時代」就不會到來。

7 地球是宇宙的彌賽亞星的實驗地

宇宙存在著試圖擴大中國價值觀的邪神

藤井 現今，宇宙的力量已經開始介入唯物論國家中國，在地上的我們，應該要如何看待您如此揭露自己的姓名，又向我們傳達訊息的這件事呢？

R·A高爾 敵人也在幫助著中國。

藤井 是。

R．A高爾　宇宙當中的敵人正幫助著中國，他們也可能會動手腳……。

藤　井　也就是說，中國也正藉助著外星人的力量。

R．A高爾　對，現在就是要較量智慧了。

藤　井　是。

R．A高爾　不過，我們終究是主流，已經領導地球很長一段時間了，今後必須將以侵略為目的而介入的那一夥人的手法，全部都封印起來。

綾　織　至今我們所學習到的是，宇宙當中有「坎達哈」（Kandahar）或「阿里曼」（Ahriman）為名的邪神……。

R．A高爾　他們已經進來地球了。

綾　織　他們現在盤算著什麼呢？

R．A高爾　我認為，他們現在正試圖以中國的價值觀，盡可能掌控地球上的重點國家。

「在二〇五〇年之前，讓日本從世界地圖中消失」，就是他們的其中一個盤算。以他們的想法來說，香港和台灣早已從地圖上消失了。

為何現在允許靈查源自中國的新型冠狀病毒感染呢？

綾　織　大川總裁在開場白時有提到「昨天（二〇二〇年二月六日，已取得披露真相的許可」……。

R・A高爾　是，我在昨天傍晚六點時，已予以許可了。

綾　織　這有什麼含義呢？

R．A高爾　嗯，《真自由》的截稿期限不是快到了嗎？

綾　織　不，不，不（會場上哄堂大笑），我們先把這個擺在一邊（笑）。

R．A高爾　哈哈（笑）。就報導來說是不是太慢了一點？也到了該是揭露的時刻了。

綾　織　是。

R．A高爾　對我們來說，稍微低調的「秘密航行」會來得比較好，因為有時敵人會出現抵抗。

綾　織　敵人會有其他動作嗎？

R．A高爾　對，敵人會出現對抗。正因為如此，所以我們有時必須秘密地進行才行。至今我們已拖延了幾天，所以現在該是揭曉的時候了。

還有幾個能夠讓疫情擴散的地方，我想應該會一直持續到三、四月。之後，我們還有其他的打算。

齋藤 這樣一來，中國國家主席習近平就無法來日本了……。

R・A高爾 嗯，總之，我們會讓這件事成為話題。

「R・A高爾與愛爾康大靈的關係」

齋藤 地球靈團當中有著佛陀等各式各樣的聖人、高級諸靈，在這種事態之下，您是否正和這些救世主們一同合作展開行動？

R・A高爾 老實說，我們已經超越地球靈團救世主的層級，已經是宇宙層級了。我們已經通達宇宙了。

齋　藤　地球已經變成宇宙彌賽亞星當中，備受矚目的實驗地。方才您有提到，對於那些忤逆愛爾康大靈思想的勢力，您不會容許他們再繼續貶低、輕視下去了。也就是說，現今的狀態是持有著超越地球救世主、彌賽亞等級力量之人，正保護著愛爾康大靈嗎？

R・A高爾　不，我們都是曾接受其指導之人。

齋　藤　是接受愛爾康大靈的指導嗎？

R・A高爾　嗯，我們過去曾接受其指導。

齋　藤　哦……。

R・A高爾　接受了指導後，現今正從事著指導各種行星的工作。

「愛爾康大靈之法只揭示了百分之三十」

R・A高爾　現今已揭示的法，只佔整體的百分之三十左右，還有百分之七十尚未揭示。為了讓剩下的百分之七十的「愛爾康大靈之法」得以講述，我們必須要再努力才行。

齋　藤　還有百分之七十嗎？

R・A高爾　還沒揭示出來。

齋　藤　自從開始說法至今，已經過了三十多年了……。

R・A高爾　嗯。目前只被揭示百分之三十……。

齋　藤　喔……。

R・A高爾　為了讓剩下的百分之七十得以揭露，幸福科學必須更廣泛地為世人所接受，這也就是我們急於調整的地方。因為還有一大段距離，所以必須要努力讓「愛爾康大靈之法」得以被全部講述。弟子的行動非常遲鈍、緩慢，此外既有勢力的日本人、傳播媒體和外國勢力等，也成為了一個巨大的阻礙原因。

8 現在正是向「自由、民主、信仰」的未來發起革命之時

「中國一旦成為霸權國家，你們將變成『家畜』」

齋藤　最後，我還想請教關於「人權」的問題。

先前您提到中國是一個非常輕視人命的國家。愛爾康大靈曾教導我們，人是一個「身為佛子的生命」。

因此，我們可以認為您「不容許如此將人命視如草芥的國家，繼續壯大和發展」嗎？

R．A高爾 嗯，不僅如此，他們還必須擁有基於真理的信仰心。我們希望那些有著基於真理的信仰心的人們，在這世間能夠繁榮。絕對不可以讓那些如黴菌一般的人們，繼續跋扈囂張下去。

所以，當這個走向百億人口的世界，將無神論、唯物論，或者是將人工智慧當作是神一樣崇拜的時候，我們就只能使其崩壞瓦解了。為避免變成這種下場，我們現在才會以如此疫情提出警告。

試想，要是中國這個霸權國家，用監視攝影機和人工智慧監控這整個世界時，到底會變成什麼局面呢？屆時你們全都將變成「家畜」啊！

齋藤 變成家畜？

R．A高爾 嗯，名為人的家畜。

民主主義的前提在於「每個人都擁有神佛的生命」

齋　藤　大川隆法總裁述說著「有神的民主主義」的重要性，以及「自由、民主、信仰」的教法。為了能建立那般未來樣貌，若是有任何指針，能否請您賜教？

R・A高爾　所謂的民主主義，並不是「只要人數多就是正確」。若是這樣的話，中華人民共和國就是一個民主主義的「中華人民民主主義共和國」。因此，民主主義不能僅以「人頭數」來解釋，重點在於人們要認識到，每一個人皆宿有「神佛之命」，基於這個原則下，進而投出選票、表達意見。

因此，若不深入理解到這個層次，就會逆轉成「始於十七、八世紀發展的哲學、科學、藝術的近代化發展」，人類的精神層面被剝奪，出現許多非常「膚淺」的人類。這在某種意義上，意味著即將出現巨大的「諾亞方舟」現象，因此對我們來說，在變成那般狀況之前，必須要改變這個國家及這個世界。

綾織　謝謝您。

建立在腐敗和虛偽基礎上的中國，「現在正是革命之時」

綾織　最後一點，還想請您告訴我們，應該要如何看待神心。當爆發各種各樣的疾病和天變地異時，地上人類會感覺到自身遭逢了不幸，進而對神感到憎恨。對於這樣的人們，我們該如何教導他們，應該如何看待神心呢？

R．A高爾

中國人口眾多，近來又自傲於經濟多有發展，但基本上他們認為，只要經濟有所發展，成為了有錢人，世間就是天國，根本不需要神、不需要佛。

相對於此，人終究必須具備基本的道德觀、價值觀。有著如此觀念的人，擁有經濟的自由、旅行的自由、職業的自由那還沒有問題，但若是「欠缺了根本的觀念，只有經濟力變得強大的話」，世界必定會變得扭曲。

中國能夠感化世界的條件，就是中國自己培育出眾多具備足以引導世界的價值觀的人們。在過去繁盛的時代中，中國亦是一個培育出眾多偉人的國家，若是那般的中國，其影響力或許擴及世界也無所謂，但現在中國當中沒有偉人，完全沒有，清一色都是擁護「毛澤東極權主義」的人們。

成為地獄惡魔的人所打造的國家，不可讓其一直繁盛下去。人們看似中國正繁榮興盛，就代表著他們未把惡魔（毛澤東）當作是惡魔。

所以必須將其揭露出來，毛澤東就是惡魔。要讓他們的所作所為，讓中國人、讓全世界都知道。他們一直聲稱都是日本軍人做的，但那不是事實。他們在建立國家後，所做出許多慘無人道的行為，應該已經超越德國納粹了。

建立在那般「腐敗」、「虛偽」基礎上的國家，猶如砂地上的樓閣，無法一直繁榮興盛，必須要使其瓦解、促使其進行反省，之後再重新建立基礎。

革命的時候已經到了，我認為「現在正是革命之時」。

綾　織　是，為了興起革命，我們會挺身而出，向前奮戰。謝謝您。

當威脅瞬間來臨時，我能讓「時間停止」

R・A高爾　基本上，我也正保護著日本。我們正守護著日本，不被外敵侵略。

齋　藤　謝謝您。

R・A高爾　那些自衛隊愛國者飛彈無法防衛的部分，我們正加以防衛，對此大可信賴我們。

光靠你們的技術是不夠的，但我們的技術是可以讓時間停止的。當威脅瞬間來臨時，我們能停止時間，屆時即能夠進行各方面戰備調整。

關於這個部分，你們大可放心。

「若是探究宗教的意涵，最後即會到達宇宙真理的核心」

R・A高爾　不過，目前愛爾康大靈僅講述了百分之三十的教義，教義根本還沒有完全廣佈。不僅還沒散佈至全世界，就連在日本，若是這樣持續下去，最多僅是讓人們認為幸福科學是戰後眾多的宗教之一，一下子就被人們給遺忘了。

這幾乎跟弟子們的悟性太低有關，各位必須要再進一步探究宗教的真正意涵。

各位必須知道，若是探究宗教的意涵，最後即會到達宇宙的神秘、宇宙真理的核心。即使愛爾康大靈想要講述那宇宙之法，但弟子們尚未具備足以承接那般教義的器量。

對此，各位不得不知。

綾　織　是。

R・A高爾　為了不讓《真自由》缺乏報導素材，今年我會盡量讓世間變得「喧囂」。

綾　織　是，非常謝謝您（笑），勞煩您了。

R・A高爾 我們必須先覺醒才行。

若是大川隆法所表達的意見只讓五千人、一萬人聆聽，你們就滿足的話，那是完全不行的。其內容可是比報紙的頭條消息還要來得重要啊！我要提醒，你們那種無法將重要之事當成重要之事來理解的文化，程度實在是太低了。

對於這一點，你們要好好覺醒。

如果弟子對此無法理解，那麼其他人就更不可能理解。

綾織 是，我們會確實您的教誨。

我現在正教導中國「認清自己的所作所為」

R・A高爾 我已說明是誰引發此次新型冠狀病毒的疫情。只不過，這並非僅是我單方面的想法，其中還有著要讓世人知道「中國正研究著那般細菌武器」。

並且，我還想要讓外界知道「中國非常輕視人命」。對於自家國民都是抱持這種態度的國家，怎麼可能對世界各國的人們負責？中國人不就是一大群不為他人留餘地，只會吃乾抹淨的蝗蟲嗎？我現在正教導中國「認清自己的所作所為」。

對於不幸身故之人雖然感到遺憾，但十四億當中的數百人身故，我們會在靈界照顧他們的，不用擔心。在中國這個國家，早點離開世間，反而比較容易進入天國。在中國活得越久，就越是感覺自己像是活在漫長的地獄當中。

齋　藤　謝謝您。

R．A高爾　可以了嗎？

齋藤　綾織　是。

R．A高爾　雖然我是其中的一位司令官，但這些是「來自宇宙的意見」，對此希望你們能有所理解。

綾　織　是，今天非常感謝您。

9 結束靈查——黃金時代起始於嚴峻、痛苦

大川隆法 （拍手兩次）好，以上就是靈查的內容。

我想在疫情還在擴展之際，下一個災難還不會到來。一旦疫情停止擴散，下一個……。

齋　藤 下一個……。

大川隆法 或許已經開始了。也許「蓋子」就要打開了。看來今年有得忙了。

綾　織 真的是起始於嚴峻和痛苦的一年。

大川隆法 嗯、嗯。

我之前就認為黃金時代，或許就是會從苦楚開始。畢竟天上界想要逆轉現今世間的趨勢，所以才會變成這樣。

所以，現今自認為是理所當然的政治體系，必須要改變想法才行了。

齋　藤　今年總裁先生賜與了我們經典《鋼鐵之法》。我們將好好學習《鋼鐵之法》當中的內容，強而有力地往前邁進。

大川隆法　好，謝謝各位。

提問者一同　謝謝您。

《鋼鐵之法》
台灣幸福科學出版發行

第二部

二〇二〇的世界情勢
及敲響對於霸權主義國家的警鐘

二〇二〇年一月二日
收錄於幸福科學特別說法堂

第一章

梅塔多隆的訊息
——幽浮靈性解讀41

二〇二〇年一月二日
收錄於幸福科學特別說法堂

自古以來，如釋尊一樣開悟的人們，具有著「六大神通」（神足通、天眼通、天耳通、他心通、宿命通、漏盡通）之六種超越人智，自由自在的能力。那些是能跨越時間、空間的障礙，自在地看透三世的最高度靈性能力。本書作者即能自在地驅使六大神通，進行各式各樣的靈性解讀。

在本書所收錄的靈性解讀，作者使用了靈言、靈視、「穿越時空解讀」（透視解讀對象的過去或未來的狀況）、「遠端觀看」（遠距離透視，讓靈體的一部分飛往特定的場所，觀察當地的狀況）、「心靈解讀」（讀取遠方之人思考或想法）、「相互對話」（讀取平常無法與其對話之各式各樣存在的心思，並代為與他人進行對話）等能力。

梅塔多隆（Metatron）

來自射手座英庫路德（Include）行星的外星人。耶穌基督的宇宙之魂（阿莫爾）的其中一部分。六千五百年前左右，曾轉生於美索不達米亞地區。光之神的一人。

提問者

大川紫央（幸福科學總裁輔佐）

〔頭銜為收錄當時之職稱〕

1 二〇二〇年將阻止極權主義的擴張

延續去年，前來「新年問候」的梅塔多隆

大川隆法 現在是二〇二〇年一月二日，晚上大約十點左右。

大川紫央 是品川的方向嗎？

大川隆法 應該是在品川附近的上空。那裡出現了綻放著強烈光芒的發光體，雖然也能看到其他星星，但這個發光體和其他星星不同，應該是有著某種意識的存在。

那麼，我來試著接觸。

現今在港區上空，綻放著強烈光芒之存在啊！在港區上空綻放著強烈光芒之存在啊！你們應該不是星體，而是有著某種意識的存在吧？是不是這樣呢？

（約沉默五秒鐘）

※以下「」內的粗體文字，為大川隆法所靈性解讀的外星人訊息。

在本靈言影片中出現的梅塔多隆的幽浮

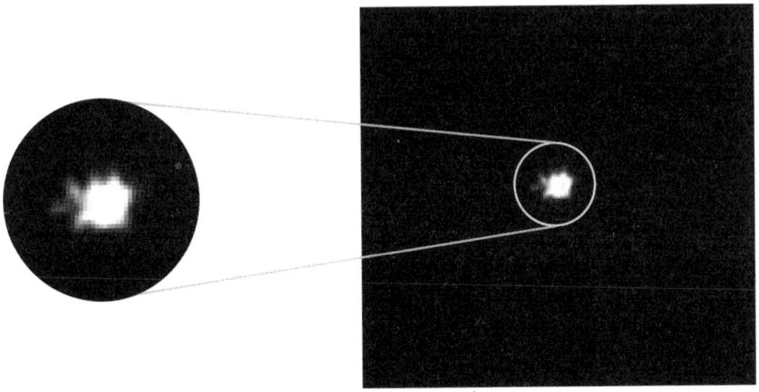

發現者：大川隆法／攝影者：大川紫央
1月2日22:14／東京都（左方為放大圖）
※在本書書封後折口的部分，刊載著彩色照片。

大川隆法　他說，他是來進行「**新年問候**」。

大川紫央　您是從哪個行星來的呢？

大川隆法　「**我是梅塔多隆（Metatron），不好意思，今年年初又是我來新年問候了**※。」

大川紫央　去年承蒙您照顧了，非常感謝。

大川隆法　「**今年我也會努力，我是前來許下誓言的。**」

今年「有可能會勃發戰爭」

大川紫央　在一部電視節目「過分的都市傳說」中，曾經提到了耶穌基督是外星人與……。

大川隆法　「嗯，他們所指的是耶穌基督是外星人與人類的混血。」

大川紫央　是。

大川隆法　「其實我們的根據地大多是在宇宙，有時會前來地球。愛爾康大靈也看顧著其他宇宙，但要全面都照顧到，真的是一件很不簡單的事。祂的使命真的是超越了地球範圍。

我也是具備如此使命的一人，耶穌基督現今正對地球人進行著指導，而我與宇宙也有著關係。為了指導地球，現今正處於加強力道的階段。」

大川紫央　謝謝您。

※　今年年初又是我來新年問候了　梅塔多隆曾於2019年1月1日時，同樣為了新年問候而出現。詳細內容請參照《梅塔多隆的靈言》（幸福科學出版發行）。

大川隆法 「今年也得更努力才行呢。還有，對於海外來說，也得更用力地聲援才行，今年『有可能會勃發戰爭』，還有奧運會，日本的未來政局也很不明朗，波斯灣和亞洲這兩處，又有著戰爭導火線。此外，也不知俄羅斯會有何種舉動。得好好地掌握方向性才行。」

大川紫央 是。

大川隆法 「我是來做新年問候的，但若有任何問題，請儘管提問。」

極權主義的勢力，得到來自宇宙黑暗勢力的力量

大川紫央 請問您二〇二〇年的目標，或是對於地球的看法是？

大川隆法 「現今在地球的極權主義的勢力，明顯地得到宇宙黑暗勢力的力量。所以這並非僅限於地球人之戰，在其背後還存在著，我們『要如何防衛地球』的想法。

也因此，今年是強力阻止極權主義擴張霸權的一年。」

大川紫央　今年也是黃金時代的起始之年。

大川隆法　「是的，雖然不知道那股勢力會蔓延到何處，但總而言之，除了北韓、韓國、中國、香港、台灣、日本等處，也都出現那股勢力。此外，在我以前出現過的地方，底格里斯河流域的伊拉克、伊朗附近，也出現了戰爭的煙硝味。所以，我今年也想要指導地球人如何營運地球。

然而，我們最終的目的是想要保護地球能夠充滿著愛與美麗、和諧、和平，我們絕不容許地球上有『獨裁者採取專制政治，以極權主義鎮壓人民』。所以，這並非僅是『地球人彼此之間的戰鬥』，這場戰爭也『包括著整個宇宙』。我們絕不容許阿里曼※的勢力，再這樣繼續支配地球。」

大川紫央 原來如此。

何謂與黑暗宇宙相連的蟲洞

大川紫央 阿里曼是出自於哪一個行星呢？

大川隆法 「要說他是從何處而來，有一點困難。但我想現在各位都知道，在宇宙當中存在著『平行時空世界』，他即是進出那世界當中的一股勢力。宇宙世界存在著『表宇宙』和『反宇宙』，就像地球有著天國與地獄一般，宇宙也有著天國與地獄。

在反宇宙當中有時會出現蟲洞，他就是從那裡進出。」

大川紫央　關於蟲洞為什麼能連結到反宇宙的空間，是否有什麼秘密呢？

大川隆法　「嗯……，那構造很難說明。總之，蟲洞比較容易在地球上的『靈性震央』開啟。」

大川紫央　那麼，也就是說在現今中國的上空，或是在其指導體制當中，若是出現了相通的心

※ 阿里曼（Ahriman）　瑣羅亞斯德教中出現的惡神。與善神阿胡拉．馬茲達（Ahura Mazda）處於對立的關係。此外，在幸福科學的外星人靈性解讀之中，發現了其為惡質外星人們所信奉的「宇宙邪神」。詳細內容請參照《何謂守護地球的「宇宙聯盟」》（幸福科學出版發行）。

念……。

大川隆法　「嗯。在以前的戰爭中，也就是希特勒的時代，他也曾經在途中加入。在希特勒瓦解之後，他先是潛進蘇聯，然後又潛入了中共，真的是出沒於各個地方。按照順序擾亂各個國家，在各地引發混亂，破壞地球的秩序。

所以，我認為日本今年仍舊是混亂的一年，即便如此，還是希望你們能夠秉持住基本的信念。

現今『唯物論的勢力』非常善於隱藏黑暗，他們非常善於讓人們誤認為黑暗勢力並不存在。科技既能連結於善，亦能與惡連結，對此實在是很困難。」

大川紫央　原來如此。

大川隆法　「今年得要多費點力才行。」

大川紫央　是。

大川隆法　「現在正嗅到阿里曼與中國、伊朗、俄國、北韓連結在一起的氛圍，對此必須要阻止才行。」

大川紫央　原來如此。

2 詢問關於英庫路德（Include）行星

今天的幽浮是像「正月陀螺」般的形狀

大川紫央 今天您在夜空當中，發出了非常亮的光芒啊。

大川隆法 **「確實如此，比其他星星還亮吧！」**

大川紫央 是的。

大川隆法 **「那是因為我現在很靠近這裡啊！」**

大川紫央 啊，原來是這樣。

大川隆法 **「我在離這邊很近的地方喔！從攝影機所在的地方來看，大約在直線距離一、兩公里處。也就是說，大概位置就是在品川車站的上空。」**

大川紫央 順帶想請教，今天的幽浮大概有多大呢？

大川隆法 **「今天的幽浮形狀，大概就像是日本正月的陀螺一般。」**

大川紫央 是，那麼大小呢？

大川隆法 **「大小大概是圓形直徑三十公尺左右，高度約為十五公尺。此外，在幽浮上方處還有著大約五公尺的平緩甲板。中心部分就像是陀螺一般，豎立著能夠進行通訊的天線。」**

大川紫央 原來如此，是幾人座的幽浮呢？

大川隆法 **「今天是十五人座。」**

大川紫央 是。

在英庫路德行星也有紀念日

大川紫央 不好意思想請教一下，在英庫路德行星上有像是日本正月新年一樣的日子嗎？

大川隆法 **「哈哈哈（笑）。」**

大川紫央 （笑）因為我有一點在意。

大川隆法 **「我說啊！雖然地球是一年有三百六十五天，但每個行星的週期都不一樣，不可能會一樣。」**

大川紫央 果然還是不同啊！

大川隆法 **「倒是各個行星，都有各自的慶典，每一個慶典都有不同意義。這該怎麼說好呢？總之，在英庫路德行星上，也有屬於我的紀念日。」**

大川紫央 原來如此。

大川隆法 **「英庫路德行星上是有紀念日的，雖然有是有，但是跟你們說這個也沒什麼意義。比方說，像是有我的『凱旋紀念日』。」**

大川紫央 喔？

大川隆法 **「嗯，就是這樣。」**

大川紫央 那是慶祝生日的意思嗎？

大川隆法 **「那會在我於地球取得一定的成果之後，返回行星之時舉行。」**

大川紫央 在那個時候，星球上的人們會歡迎您的凱旋歸來嗎？

大川隆法　「對，就是這樣。人們會為我舉行凱旋遊行。」

自古代開始就將地球的狀況清楚地拍攝下來

大川紫央　也就是說，英庫路德行星的人們知道地球的存在，也知道『梅塔多隆您正幫助著地球，給予力量』，而且大家都在為地球加油嗎？

大川隆法　**「我們在地球的活動也被拍攝成影片，在那邊上映呢！」**

大川紫央　是這樣啊。

大川隆法　**「紀錄片。」**

大川紫央　在那裡也播放著地球的影像嗎？

大川隆法　**「沒錯，過去我轉生在古代的美索不達米亞的時代，當時我們也曾**

使用幽浮。在那之後，耶穌基督在世間活動時，他的樣子也被從上方拍攝下來。

其實，現在也正全被清楚地拍攝下來。」

大川紫央 原來如此。也就是說，您其實是來來去去。

大川隆法 「是的，各位也是一樣，做為人類轉生於世間之時，我認為每年都會累積嚴酷的經驗。」

「星際大戰」的世界即將開始

大川隆法 「不過，正如同今天電視也有播出的節目一樣。各位在十年前左右，開始出版關於宇宙的書籍、靈言、靈性解讀等等。自從你們開始公開資訊後，這些資訊在水面下不斷地擴散出去。該說那已經變成常識了嗎？對於曾經是『幽浮資訊落後國』、『宇宙資訊落後國』的日本來說，現在已經改變了，漸漸地已變成是理所當然。今年（二〇二〇年）美軍要創建太空部隊，日本也說著『自衛隊要創建太空部隊，想要登陸月球』，我想這也是為了要牽制中國吧！總之，『下一個階段已擴大到宇宙』了，或許『月球爭奪戰』會成為下一場戰爭吧！

現在中國試圖『在月球建立基地，從月球來對地球發動攻擊』。所以，現今已經到了必須要改變佈陣的時刻。

在你們還活在世間的時候，『星際大戰』就快要開始了。」

大川紫央 原來如此，很顯然的呢！

大川隆法　「那快要開始了，今後我們登場的頻率會越來越高，但現在仍屬於不可太過於干涉的階段。」

大川紫央　在我們死前，有可能實際看到您嗎？

大川隆法　「當幸福科學發展為如同世界宗教一般的規模，好比在某種紀念日時，在一個聚集眾人的廣場上，能讓我們安全的降落，若是有那般設施，我們的確是有降落的可能性。」

大川紫央　原來如此，那我們必須更努力才行啊！

大川隆法　「如果教團有像是伊勢神宮那般規模的基地，那麼我們就可以降落下來。

只不過，現在一般的機場有著一般民眾，又有許多客機或自衛隊飛機，想降落實在有其難度，必須確保某種程度的安全性才行。」

大川紫央　嗯，的確如此。

大川隆法　「**即便現在幸福科學大學想要拍攝下我們的蹤跡，不過目前地球的整體指揮命令系統尚未健全，所以我現在只是來總裁先生這邊『打聲招呼』。**」

必須讓宗教再次於中國流行起來才行

大川紫央　近年來，總裁先生的話語大多數都和政治的話題相關，我想今年應該也是一樣，並且關於宗教與靈性的部分，對抗唯物論的的靈性革命，也必須要同時並進才行。

大川隆法　「**的確，各位可不能在這場戰役中失敗。**

此外，政治和經濟是一體兩面。特別是今年的台灣，非常明顯。該如何幫助台灣、香港？此外，日本該如何與美國、歐洲合作？日本到現在都無法明確地表態，看來在各方面都得要更振作一點才行。」

大川紫央 現今中國的極權主義，完全蔑視每一個人都有著靈魂、佛性，是神佛之子。

大川隆法 **「嗯，再這樣下去，幾乎就和把人當成是複製人一樣了呢。」**

大川紫央 似乎，從這層意義上來說，了解靈性方面的人開始慢慢變多起來了……。

大川隆法 **「是。」**

大川紫央 政治也是統治人們的系統之一，如果施行基於靈性價值觀的政治的國家不再增加的話……。

大川隆法 **「嗯，是，沒錯。」**

大川紫央 地球上的地獄勢力就會越來越強。

大川隆法 **「過去在中國，儒教、道教、佛教曾非常興盛。唐朝也曾經是佛教興盛的時代，現在必須『再將宗教導入中國，使其流行』才行。」**

大川紫央 原來如此。

大川隆法 **「當然，基督教也是相當地努力。」**

大川紫央 是。

大川隆法 **「香港不僅有基督教徒，佛教、道教，也佔有百分之十幾的比例，必須讓這些地方也都了解才行。此外，印度也必須要再加把勁才行。印度雖做為宗教大國，可是我得幫助印度進入先進國家的行列**

之中。」

大川紫央 是，我明白了。

3 梅塔多隆給地球人的訊息

「地球的最終判定者為愛爾康大靈」

大川隆法　「還有什麼問題嗎？」

大川紫央　請稍等一下，不好意思，因為幽浮改變了位置。

大川隆法　「因為幽浮在移動著。」

大川紫央　我調整一下攝影機的鏡頭。

大川隆法　「是，幽浮的位置的確是改變了。」

大川紫央 現在跑到了右上角。

大川隆法 「是。」

大川紫央 好，停下來了。

大川隆法 「好。」

大川紫央 那麼，最後請您給地球人今年的訊息。

大川隆法 「訊息？」

大川紫央 是，請您最後做個總結。

大川隆法 「嗯，我想要對地球的各位說。

愛是不滅的。

各位的信仰，對於神的信仰，皆是以愛做為基礎。

所以『信仰神、於世間廣佈愛』的活動，切勿認為那是一個『消

極、柔弱』的行為，這一點相當重要。

我們絕不容許那『將人類當做道具、把人當做機器人使用的政治體制在地球蔓延』。

今年亞洲會出現緊張局勢，北韓、台灣、香港，今年會出現重大的局面。此外，伊朗也將面臨戰爭、改革的局面。但最終的判定者是愛爾康大靈。」

大川紫央 是的，的確如此。

大川隆法 「我們雖然也有著意見，但最終的判定者是愛爾康大靈。對地球有責任是愛爾康大靈，我們會跟隨愛爾康大靈的想法做出決斷。

我們是可以從宇宙直接介入的。

只不過現今尚未進入能夠全面介入的局面，向地球上的指導者們傳送訊息，即是我們的工作。」

大川紫央　原來如此。

「台灣、香港有著改變地球命運的可能性」

大川紫央　請問梅塔多隆您會時常像這樣，和總裁先生進行交流嗎？

大川隆法　「嗯、嗯、嗯、嗯。」

大川紫央　每天您都會與愛爾康大靈進行交流嗎？

大川隆法　「嗯？」

大川紫央　比方說，您會和愛爾康大靈每天進行靈性交流嗎？

大川隆法　「妳是說每天嗎？」

大川紫央 所以不是每天嗎？

大川隆法 「我們不會每天進行交流，只有在出現重大工作時，我才會予以協助。我們會將工作分工進行，不會每天交流。

只不過，去年還留有一些台灣的工作，今年得繼續完成。香港、台灣，有著改變地球命運的可能性。」

大川紫央 這樣啊……。的確是重大的工作啊！

大川隆法 「對此，我得強力地援助才行。

總之，做就對了。絕對不可以動搖救世主的信念，我們會努力跟上救世主的信念。

我認為，必須要清楚表明『何是何非』才行。像現在日本政府的曖昧不明態度，得加以改變才行。」

大川紫央　好的，真的非常謝謝您。

今年在世界各地將可能發生各式各樣的變動

大川紫央　今年除了日本之外，大川總裁還預定前往英國和美國巡錫。

大川隆法　**「是的，會去英國和美國。不過除了英國和美國之外，或許還必須去其他國家也說不定。只是舉例，還沒確定。」**

大川紫央　只是舉例啊！

大川隆法　**「哈哈哈（笑）。」**

大川紫央　（笑）雖然還是不太清楚。

大川隆法　**「比方說，或許必須去一趟韓國。」**

大川紫央　嗯……。

大川隆法　**「又或者說，也有可能會再去台灣，說不定也有機會前往泰國。」**

大川紫央　也就是說，全世界會出現各種變動的可能性。

大川隆法　**「是的，得特別留意亞洲圈才行，也有前往伊朗的可能性。」**

大川紫央　喔喔。

大川隆法　「假如伊朗發生了戰爭，他們有可能會前來尋求協助。」

大川紫央　但願不要發生戰爭，希望美伊兩國能夠有和平對談的機會。

大川隆法　「**說不定伊朗總統和美國總統，會出現見面的機會。**」

大川紫央　原來如此。

「救世主的自覺」會因工作的大小、實際的成績而有所變化

大川隆法　「教團在整體上得有更強大的力量，特別是政黨在選戰上太弱了。

關於這個部分，我們想從宇宙方面予以補強。

不過耶穌基督過去在政治上也沒取得優勢，要打倒既有勢力，並非是件容易的事情。

沒人會把票投給會治病的人，就算是預言成真了，選票也不會增加。世間的人們，總是追求著世間的利益。

救世主的自覺的高度，會因工作的大小、實際的成績而有所變化。

目前還沒有到達最終階段。

即便現在總裁具備著能與外星人交流的第七感，但各位不可忘記，

總裁亦是宇宙的救世主，我想就宇宙意義來說，還是必須要有彌賽亞的自覺。」

大川紫央 原來如此。總裁先生的活動，就宇宙的層面來說也是有意義的。

大川隆法 「嗯。所以說，現今的地上，幸福科學的戰力過於薄弱，還未能讓總裁遂行那般使命。

我們若是直率地發表意見，可能會引發激烈的行動，所以我們才會說得比較保守。」

大川紫央 真是不好意思。

大川隆法 「要是不經過地球的各個指導靈們調整，就會出現激烈的行動。」

大川紫央 我明白了。

大川隆法 「總而言之，今年我們也會努力，我想雅伊多隆也會擇日前來打聲

招呼。」

大川紫央 好的，真的是非常感謝您。

大川隆法 **「趁著新年，我來跟各位打個招呼。」**

大川紫央 是，Happy New Year，今年也請多多指教。

大川隆法 **「好的，請多指教。」**

大川紫央 謝謝您。

第二章

R・A高爾的訊息
——幽浮靈性解讀42

二〇二〇年一月三日
收錄於幸福科學特別說法堂

R・A高爾（R・A Goal）

來自小熊座・安達魯西亞β星的外星人。宇宙防衛軍的司令官之一，擁有彌賽亞（救世主）的資格。

提問者

大川紫央（幸福科學總裁輔佐）

〔頭銜為收錄當時之職稱〕

1　於東京上空較低位置出現的「強烈光芒」

大川隆法　這個朝南西的方向，大概是東京都港區的位置，現在有幽浮在低空處，發出十分強烈的光芒。這麼低空又發出如此強光，實在很稀奇。

昨天在這個位置，什麼也沒有。

除此之外，目前在上空還有幾架小台的幽浮。這一架實在是飛得很低，且發出強光。

（大約沉默五秒鐘）能夠拍到嗎？

大川紫央　剛剛有拍到，請稍等一下……。

大川隆法 或許飛碟在移動，也可能是被樹叢給擋住了。再往上面一點照，照得到嗎？沒辦法嗎？

大川紫央 有一點被樹叢擋住了。

大川隆法 或許會被擋住。

大川紫央 啊、拍到了！

大川隆法 拍到了？

大川紫央 是的。

大川隆法 那麼我趕緊試著接觸。

大川紫央 我把鏡頭拉近一點……。

在本靈言影片中出現的R．A高爾的幽浮

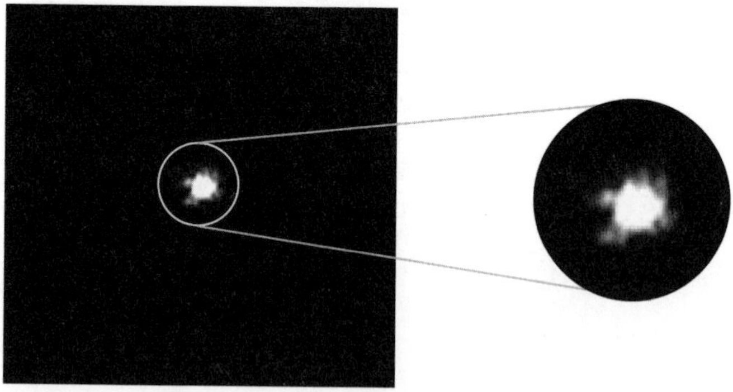

發現者：大川隆法／攝影者：大川紫央
1月3日18:03／東京都（左方為放大圖）
※在本書書封後折口的部分，刊載著彩色照片。

（約沉默十秒鐘）好的。

大川隆法　好的。目前在港區上空極低的位置，現在快要晚上六點。因為時序還在一月，所以天色已經變得很暗。今天是一月三日將近傍晚六點，現在在低空處，有一個發出極為強烈光芒的存在。體積很大。因為是體積龐大的存在，所以讓人有種「這麼大的星星是真的嗎」的感覺。

上空雖然還有其他小的星星，在那之中也有一部分會移動，所以可能是其他的小幽浮，不過這個低空的存在，有著很明顯的意圖，能感受到它強烈的意志……。

大川紫央　的確是特別的明亮啊！

大川隆法　好的，我來試著對話看看。

或許沒辦法長時間拍攝，因為有可能會被樹叢給擋住。

2　預言二〇二〇年開始將面臨嚴峻的局面

「不久將發生好幾起，讓中國感到難以置信的事情」

※以下內容，「」內的粗體字部分，為大川隆法所靈性解讀出的外星人訊息。

大川隆法　這和預期的不一樣啊！

他說「**我名為R・A高爾**」。

大川紫央　啊！

大川隆法　過去曾出現過這號人物嗎？

大川紫央　R・A……，我認為有出現過。

大川隆法　名字叫做R・A高爾，他說「**我是R・A高爾**」。

大川紫央　請稍等一下。

（沉默大約二十五秒）（提問者注：正在翻閱過去的幽浮解讀資料）

嗯——。R・A高爾，的確在過去曾經出現過※。

大川隆法　啊，是這樣嗎？

我想，就快要照不到了……。

大川紫央　那麼，請告訴我們要傳遞的訊息。

大川隆法　好的，請說你有什麼訊息或是想講的話。

（沉默大約五秒鐘）

他說，「**再過不久，中國軍隊就會發動攻擊**」。

大川紫央　對何處呢？

大川隆法　他說，「與其說是對何處，不如說他們會展開威嚇國際社會的攻擊。」

「受到攻擊的對象應該是香港、台灣，或者是尖閣諸島附近。屆時美軍將束手無策，同時，中國也會向北韓展現威嚇的態度。」

「打從今年年初開始，人們將會面臨到嚴酷的局面。」

大川紫央　原來如此。

大川隆法　「很明顯地，中國的意圖就是想要『強硬地讓國際社會屈膝。』

※ 的確在過去曾經出現過　曾於2018年9月16日以及10月21日時收錄的「幽浮靈性解讀」中出現。與「Mr. R」、「Master R」一起出現。詳細資料請參照《「幽浮靈性解讀」寫真集—迫近謎樣發光體的真正樣貌—》（幸福科學出版發行）。

日本也即將……，雖然日本現在還處於新年的氣氛，但很有可能，也會出現響起空襲警報的情形。說不定，還不曉得東京奧運是否能夠如期舉行。

得上緊發條多加留意才行，今年可不是那麼輕鬆。」

大川紫央 原來如此。

您今天是前來告訴我們，您對今年的預測嗎？

大川隆法 「我們當中有一些人，打算從宇宙對中國發起威嚇行動。所以我想今後會發生數個讓中國難以置信的事件。」

大川紫央 原來如此。

大川隆法 「是的。今後我們會讓不相信神的他們，見識到看似天變地異，又看似神意的事件。請你們好好地留意看著。」

大川紫央　是。

「安倍首相沒做處置的後遺症」將一口氣出現

大川隆法　「並且要請你們將日本的國論，引導至正確的方向。」

大川紫央　是。

大川隆法　「我們的結論是，今年春天日本政府絕對不可將習近平奉為國賓邀請來日本。中國絕對會不計任何手段，促成這件事。這就是他們的本性。」

大川紫央　是。

大川隆法　「必須要將世界導向正確的方向才行。

川普現在與其把力量投注於波斯灣，不如將氣力專注在解決亞洲的危機。

我認為中國正打算做極為危險的事。」

大川紫央　原來如此。

大川隆法　「現在中國在南方沿岸，建造了一大堆的飛彈基地。如今在尖閣諸島，出現了很多偽裝漁船。於此同時，他們也正準備著飛彈攻擊。再過不久，他們就會發動脅迫人屈服的攻擊，也就是循以前的模式，我認為那就像是過去元寇時代的模式。」

大川紫央　是。

大川隆法　「現在有飛機正飛過我的上空，我想如此和平的時代不會持續太久。再不留意的話，或許就快來不及了。」

大川紫央　嗯。

大川隆法　「或許日本國會還在議論安倍後援會的『賞櫻會』問題，或者是舉辦東京奧運的事情，大家的腦中光是盼望景氣能夠變好。然而，日本政府至今為止，對於緊急的事皆未作出處置，安倍首相的態度也始終猶豫不決。既沒有能修正憲法，也沒有與俄國締結和平協議，對伊朗問題也沒任何表示，對香港問題也沒發表意見，對台灣也是袖手旁觀。這些沒做處置的後遺症將會一口氣出現。」

大川紫央　嗯。

大川隆法　「嗯，所以我認為危機就快要到來。」

大川紫央　我明白了。

對於中國的動向，「我們會從宇宙當中介入一部分」

大川隆法 「我們認為你們在地上幾乎沒有氣力，所以我們會從宇宙當中進行一部分的介入。至於那會是什麼，請你們仔細看看。」

大川紫央 是。

大川隆法 「總而言之呢，我們是自古以來被人稱為『神』的其中一部分。」

大川紫央 您和梅塔多隆他們是同伴嗎？

大川隆法 「是，我們會互相聯絡，但梅塔多隆他們還沒打算進行攻擊。」

大川紫央 是。

大川隆法 「但我們目前正在進行準備。」

大川紫央 R．A古爾，和R．A1（One）一樣……。

大川隆法　**「是R．A高爾」。**

大川紫央　R．A高爾，是。另外……。

大川隆法　**「總之，R．A高爾這個名字，只是一個匿名。雖然我無法清楚表露我真正的名字，但我是宇宙防衛軍其中的一位司令官。」**

大川紫央　是的。

現在幽浮的光被樹叢給擋住了……，不好意思。

大川隆法　**「啊，就快要看不到了呢！」**

大川紫央　那麼，最後要請問的是，今天的幽浮似乎非常地大，不論是形狀或是發出的光都相當的厲害。

大川隆法　**「這是一個全長約七十公尺的幽浮。」**

大川紫央　大約七十公尺。

大川隆法　「是的，尺寸大概是介於中型到大型之間，實際上這是攻擊型的幽浮。」

大川紫央　啊，原來是這樣。

大川隆法　「是的，還可以從這裡出動幾台，數公尺大小的小型機。若是他們打算用中國南方沿岸的飛彈基地，以飛彈來威嚇台灣、香港、尖閣諸島、沖繩的話，我們就會予以破壞。」

大川紫央　是。

大川隆法　「現在我們已經進入警戒狀態。以上，就是我想要說的。」

大川紫央　我明白了，感謝您給予我們如此珍貴的指針。

大川隆法　好，謝謝（拍手一次）。

結果不是雅伊多隆啊。

（注：R・A高爾的戰艦幽浮，在本次攝影的大約一個半小時後，就不見蹤影了。）

第三章

文在寅總統守護靈、雅伊多隆的靈言

二〇二〇年二月五日

收錄於幸福科學特別說法堂

「靈言現象」是指另一個世界的靈魂存在，降下言語的現象。這是發生在高度開悟者身上的特有現象，並有別於「靈媒現象」（即人陷入恍惚狀態、失去了意識，由靈魂單方面說話的現象）。

當降下外國人靈魂或宇宙人的靈言時，發起靈言現象之人亦可從其語言中樞選擇需要的語言，因而可用日語來講述。

另外，原則上，人類的靈魂是由六個人所組成，其中一人留在世間的「靈魂手足」負責擔任守護靈的任務。換言之，守護靈其實就是自有靈魂的一部分。因此「守護靈的靈言」，是指進入所謂本人潛在意識的通道，也可將其內容視為此人潛在意識的想法（真正的心理狀態）。

然而，「靈言」終究只是靈人本身的意見，其內容有時會與幸福科學集團的見解相矛盾，特此注記。

文在寅（一九五三年～）

大韓民國總統。畢業於慶熙大學。在大學就讀期間，曾涉嫌參與反對朴正熙政權的民主化運動而遭到逮捕入獄。一九八〇年，通過司法考試成為律師，八二年與後來就任的盧武鉉總統開設法律事務所。盧政權就職後曾任總統秘書室長等職務。其後，歷經「共同民主黨」黨主席等職務，二〇一七年五月就任第十九任總統。

雅伊多隆

麥哲倫銀河・伊爾塔星的外星人。在地球靈界具有高次元的靈性力量，相當於「正義之神」。現今，負責保護轉生於地上的大川隆法之地球神愛爾康大靈。也與地球上的文明興衰、戰爭和大災難有關。

提問者

神武櫻子（幸福科學常務理事 兼宗務本部第一秘書局長）

大川紫央（幸福科學總裁輔佐）

〔按提問順序，頭銜為收錄當時之職稱〕

1　突然出現的文在寅總統守護靈

以語帶威脅的口吻說著「每個人，即將要死亡」

（編注：背景音樂播放著大川隆法總裁的原創曲，天使精舍應援歌「以自助理論向前行」。）

文在寅守護靈　啊啊……。啊啊……（不斷重複著急促的呼吸）。

神　武　你好。

文在寅守護靈　啊啊……。

神　　武　你是誰？

文在寅守護靈　啊啊……。（大約沉默五秒鐘）啊……。（大約沉默五秒鐘）啊……。

大川紫央　你是喜歡自助理論的人？還是討厭自助理論的人？

文在寅守護靈　（大約沉默十秒鐘）啊啊～。

大川紫央　你感到痛苦嗎？……你是日本人嗎？

神　　武　你喜歡日本嗎？……你是人類嗎？

文在寅守護靈　（大約沉默五秒鐘）啊。……啊。

大川紫央　「以自助理論向前行」是一首和以自我為中心的想法完全相反的歌。

文在寅守護靈　啊、啊。

大川紫央　還要繼續聽嗎？

文在寅守護靈　啊，啊。（大約沉默五秒鐘）啊啊……。（大約沉默十秒鐘）

啊啊……。再過不久……。再過不久……。

大川紫央　嗯？

文在寅守護靈　再過不久……。

大川紫央　什麼？

文在寅守護靈　再過不久……。

神　武　再過不久？

文在寅守護靈　就要死了。

大川紫央　誰要死了？

文在寅守護靈　你們。

神　　武　你們？

文在寅守護靈　你們就要死了。

神　　武　你是什麼人？

文在寅守護靈　嗯？

大川紫央　你從朝鮮來的嗎？

神　　武　你來自朝鮮嗎？

文在寅守護靈　我住在神的淨土。

大川紫央　「神的淨土」，那是哪裡？

文在寅守護靈　嗯？在大海的另一端。

大川紫央　中國嗎？正爆發新型冠狀病毒疫情的中國嗎？莫非是習近平的守護靈嗎？

神　　武　你是習近平？

大川紫央　你不是習近平嗎？被新型冠狀病毒搞得焦頭爛額的習近平？

神　　武　你是不是感到很頭大？

大川紫央　苦於無法滅除病毒嗎？

神　　武　你是習近平嗎？

文在寅守護靈　（表現出生氣的樣子）是文在寅！

相繼爆出對日本的不滿和憤恨不平的語句

大川紫央　文在寅為什麼來這裡呢？

文在寅守護靈　你們不是看過電影了嗎？

大川紫央　啊，是那一部韓國電影啊？（編注：在收錄本次靈言前，看了韓國電影「風水師　決定王的命運的男人」）

文在寅守護靈　嗯。看不懂這部傑作電影的你們都得死！

大川紫央　堂堂一位大總統，不是應該第一時間就報上名來嗎？

文在寅守護靈　不是已經說過「王族之王」了嗎？

神武　你跟這部電影有關係嗎？

大川紫央　你的頻率和那部電影相通嗎？

文在寅守護靈　嗯。我得把被日本拿走的東西給拿回來！

大川紫央　現在韓國陷入困境了嗎？

文在寅守護靈　妳是傻子嗎！

大川紫央　發生了什麼事嗎？什麼事讓你那麼痛苦？

文在寅守護靈　什麼？

大　川　紫　央　有什麼感到痛苦的事嗎？

文在寅守護靈　那不是廢話嗎？

大　川　紫　央　冠狀病毒應該還沒在韓國爆發開來吧？

文在寅守護靈　在說什麼啊？第二代國王必須延續下去。

大　川　紫　央　據說在第三代就瓦解了。

文在寅守護靈　再找新土地不就好了？

大　川　紫　央　國土也有沒那麼遼闊，不可能的。

文在寅守護靈　嗯？

大　川　紫　央　是因為我們看了那一部電影，你才來的嗎？

文在寅守護靈　誕生於白頭山的第三代，也會延續下去……。嗯、嗯。

大川紫央 你想去北韓嗎？

文在寅守護靈 那裡是祖國。

大川紫央 你想讓朝鮮統一嗎？

文在寅守護靈 那還用說。

大川紫央 不過，韓國檢調正在逮捕或起訴你身邊的人，你的政權還能延續下去嗎？

文在寅守護靈 （大約沉默五秒鐘）嗯。安倍會被先逮捕。

大川紫央 也就是說，你也會被逮捕嗎？

文在寅守護靈 我可堅若磐石，但安倍就快被逮捕了。

大川紫央 既然如此，你為什麼要那麼痛苦呢？

文在寅守護靈 東京奧運就要完蛋了……。

不試著去瞭解「因果報應」、「自負責任」

大川紫央 我也看了「風水師　決定王的命運的男人」這部電影，基本上裡面全把一切歸咎給土地、環境、祖先。

文在寅守護靈 沒錯。

大川紫央 不可以這樣吧！

文在寅守護靈 那一片土地不是很好啊！長久以來，都被中國、日本和俄羅斯欺負。

神武 聽了「以自助理論向前行」這首歌之後，你的心情變得如何？

文在寅守護靈 誰理妳啊！

大川紫央 你是否正想著「哪有什麼自助理論」？你知道什麼是「因果報

應」嗎？

文在寅守護靈　去對其他國家說去。

神　　武　你有什麼其他想說的嗎？

大川紫央　如果沒有的話，就到此結束。

文在寅守護靈　嗯。我最討厭西鄉隆盛，知道嗎？

大川紫央　為什麼？

文在寅守護靈　這傢伙主張「征韓論」。

大川紫央　啊啊……。

文在寅守護靈　真該把他的墳墓挖開……。真的該暴露他的屍骨。西鄉隆盛死的時候，頭還被人家砍下來。

神　　武　講完了嗎？

文在寅守護靈　從風水的角度來說，鹿兒島是一個大凶之地。

神　　武　不，那和風水無關，從地緣政治的角度來看，韓國對日本而言是一個要衝之地。

文在寅守護靈　所以這也就是從明治維新時期開始，韓國就被日本欺負的原因……。

大　川　紫　央　現在我們沒有什麼想要跟你說的。

文在寅守護靈　妳在說什麼？給我好好反省你們所做的惡行。今天是搞什麼測驗※的時候嗎？全都給我好好地反省。

大　川　紫　央　難怪文在寅會認為，「所有的一切都要怪罪別人不好」。

※ 測驗　這一天（2020年2月5日）上午，以幸福科學出家者為對象，舉辦了佛法真理學檢定測驗。

文在寅守護靈　難道不是嗎？我們一直背負著「出生在這片土地上的詛咒」。

大川紫央　曾經看過有一位駐韓國記者在網路上發表一篇文章，內容說到「現今韓國總統看來像是盧武鉉的寫照」、「已經可以看到文在寅的末路」。

文在寅守護靈　得用「電擊一閃」讓這個記者消失。

大川紫央　你也知道什麼是電擊一閃？。

文在寅守護靈　得把他給燒了。

大川紫央　為什麼你知道電擊一閃？曾經體驗過嗎？

文在寅守護靈　我這邊到處都在談論電擊一閃。你們對中國做了什麼壞事？

大川紫央　沒有。

文在寅守護靈　明明就有。

大川紫央 不、不，那可是中國自己招來的「因果報應」。

文在寅守護靈 我要讓妳死於冠狀病毒，以做為懲罰。

大川紫央 難怪我在午餐時突然咳了一下，莫非那是你的詛咒？

文在寅守護靈 所以，我給妳一個實現人生最後願望的機會，快給我搭遊輪離開日本。

大川紫央 什麼？你要幫我實現我最後的願望？

文在寅守護靈 嗯，這麼一來，每個人就會因為感染到妳的冠狀病毒而死。

大川紫央 那麼，我希望能將幸福科學的教義廣佈於韓國。

文在寅守護靈 那可不行，我現在正使其「滅絕中」。

大川紫央 「因果報應」、「自負責任」。

文在寅守護靈 我們現在正在「消毒」，不讓那種邪惡的教義進來。

神　　武　那麼就請回吧！我們沒什麼好說的。

文在寅守護靈　妳先找到自己的人頭※再說。

神　　武　這不用你管，肉體終要回歸土地的。

※ 自己的人頭　在過去的靈查中，推定提問者神武櫻子前世之一曾是西鄉隆盛。

2　雅伊多隆預測的「亞洲和世界的近未來」

來自雅伊多隆的電擊一閃

大　川　紫　央　那麼，就讓你嘗嘗電擊一閃的滋味。想體驗看看嗎？

文在寅守護靈　妳啊！到底是不是個女人啊！

大　川　紫　央　我叫雅伊多隆過來了喔！

文在寅守護靈　誰理妳啊！

大　川　紫　央　雅伊多隆！

神　武　麻煩請從異次元攻擊。

大川紫央　雅伊多隆。

神　武　雅伊多隆，拜託您使出「電擊一閃」。

（大約沉默十五秒鐘）

雅伊多隆　啊啊……（吐氣）。我是雅伊多隆。

大川紫央　真是帥氣……。

神　武　謝謝您。

確定失速的中國經濟、孤立的韓國

雅伊多隆　韓國現在正陷入困境中。

大川紫央 為什麼？

雅伊多隆 中國現在已經全面封鎖，中國經濟已經確定失速了。

大川紫央 啊啊……！

雅伊多隆 習近平的地位已岌岌可危。他想要平衡各方勢力的政策也快行不通了，韓國也即將被孤立。

大川紫央 這是因為一直以來韓國經濟都依賴中國嗎？

雅伊多隆 韓國想和中國站在同一陣線，解除對北韓的經濟封鎖。

大川紫央 原來如此。

雅伊多隆 沒想到中國會以這種型態被封印住，這下他們頭大了。韓國經濟肯定會惡化，再加上與日本之間的紛爭，所以無法向日本尋求援助。

大川紫央 原來如此。

雅伊多隆 所以，韓國繼續這樣下去就會走向毀滅。韓國經濟會比日本更快崩潰。在中國陷入經濟衰退之前，韓國就會先行崩潰。

大川紫央 您是說「比日本更快」嗎？

雅伊多隆 美國很不喜歡現在的文在寅，所以也沒打算提供援助。

大川紫央 不過韓國也不得不改變了，這也是沒辦法的事。

雅伊多隆 美國現在除了要圍堵中國，還打算摧毀文在寅。

大川紫央 您是說美國嗎？

雅伊多隆 嗯。美國打算摧毀文在寅政權，不讓其支援北韓，這也是美國的一個策略。以為美國只打算處理伊朗，那就錯了，美國其實都一直在盯著亞洲。

神　武 原來如此。

雅伊多隆 美國正打算削弱那一股支援北韓的勢力。

安倍政權所處情況也極為嚴峻

雅伊多隆 安倍政權現在也瀕臨末期了，垮台的這一天就快到來。

嗯，美國目前正在調整下一任政權掌權人，他們正思考著「要讓誰掌權，才能起作用」。一旦做出了決定，安倍的政治生命也就跟著結束了。

再過不久，美國民主黨將面臨重大挫敗。如今他們還在打混戰，到現在還推不出總統候選人。這是因為他們知道，無論是誰出來都沒有贏面。

川普將迅速恢復力量。一旦迅速恢復力量，不僅是伊朗，也會開始對北韓和中國展開攻擊。春天之後，這股氣氛將越來越濃厚。

大川紫央 川普該不會是耶和華※吧？

雅伊多隆 嗯，那應該是想要表達「他擁有著超越『那個小國』的全智全能之神的力量」吧！

大川紫央 原來如此。

雅伊多隆 嗯，這麼說也是。

大川紫央 一旦當上美國總統就會如此吧！

雅伊多隆 美國能輕而易舉地摧毀任何一個國家，美國擁有著與耶和華並駕齊驅的力量。美國足以和全世界、聯合國對戰。

所以，北韓……。你們現在只想到中國的病毒，不過現在正從最脆弱的地方開始瓦解。

大川紫央　在這個時候嗎？

雅伊多隆　嗯，現在的韓國即將瓦解。韓國對北韓的經濟支援也將瓦解，中國對北韓和韓國的經濟支援也會瓦解。那將以迅雷不及掩耳之勢，迅速關閉所有水門。

大川紫央　明白了。

雅伊多隆　文在寅也正在和檢調奮戰中，不過還是一樣很快就要瓦解了，政權正處於瀕臨瓦解的邊緣。日本檢調也正對安倍調查中，這兩個政權正在競爭，看誰能撐得比較久。

※　川普該不會是耶和華　參照《美國和伊朗　邁向和解之路―蘇萊曼尼將軍、川普總統　羅哈尼總統守護靈的靈言―》（幸福科學出版發行）。

「邀請習近平以國賓身份訪日」這件事，將成為改變日本權力構造的機緣。不久日本將出現「謝絕習近平前來賞櫻」的運動。

大川紫央 明白了。謝謝您。

黃金時代正是「萬里長城瓦解」之年

雅伊多隆 中國還真是出乎意料的脆弱啊！而且韓國民眾已經開始出現「都是因為和日本吵架，所以現在才會這麼苦」的聲音。韓國既沒有辦法依靠北韓，中國又變得完全靠不住，已經有越來越多的聲音說「若不和日本好好相處，終究就無法生存下去」。台灣和香港已將視線轉向日本，所以「東望政策」（Look East）即將展開。

中國的脆弱，會在各方面表現出來。醫療體系落後，又只會監控訊息，只允許報好的消息，「需要幫助他人的訊息」完全被封鎖著。此外，為了避免疫情波及北京，現在正拚命地築起防波堤。再過不久，中國就要完蛋了。

所以，千萬別小看今年開始的黃金時代。黃金時代正是「萬里長城瓦解」之年。

大川紫央　至於奧運會將何去何從，這不關我的事，所以也不會去關心。身處於地球上的我們，必須再加把勁。

雅伊多隆　現在那個冠狀病毒，要是再繼續蔓延下去，奧運就辦不成了吧？因為那會在全世界中蔓延開來。日本整個選手村、眾人群聚的地方、室內球場及各個地方，只要有人們群聚的地方，就會遭殃。所以日本政權正面臨著極大的壓力。不僅文在寅感到壓力，習近平也是一樣，日本也不知道這個冠狀病毒的風暴會持續到何時。這個疫情已經超越當年的SARS了。現在正隱隱約約地傳出，「得要徹查到底是什麼原因所致」。不過，世人還真的不知道會有這麼一手。

韓國的政權恐怕會被顛覆

雅伊多隆　人們應該知道「文在寅正在發出悲鳴中」。韓國已經沒有未來了，北韓也沒有未來了。北韓原本還想發射長程導彈，但疫情爆發後，可就沒那般餘裕了。若是現在還發射，就會被視為精神錯亂之人，所以才沒有那麼做。

總之，未來將出現很大的變化。香港也朝向獨立而展開活動。

大川紫央 原來如此。

雅伊多隆 台灣當然會持續堅持「不是中國的一部分」，或許日後會發生有趣的事。

大川紫央 明白了。

雅伊多隆 韓國恐怕會發生政變，顛覆政權的局面。不久就會聽到檢調或民眾傳出，「老是以仇日、反日來打造自己政權的正當性，終究是錯誤的」的聲音。不久就會出現這般的輿論：

「文在寅錯誤的獨裁、法西斯主義」、「夥同邪惡的北韓，利用反日建國的男人」、「叛徒」。

「別小看愛爾康大靈」

雅伊多隆　或許今年會因為這個因素，辦不成奧運。不過，這樣的結果反而比較好。

大川紫央　謝謝您。

雅伊多隆　嗯，我們還有許多「想說的事」，要讓每個人「都說不得」，確實會憋得很辛苦。

大川紫央　有些事畢竟還是要默默地做才可以。

雅伊多隆 對，有些事得要默默地做。

大川紫央 真的很抱歉。

雅伊多隆 真的是「別小看愛爾康大靈」。

大川紫央 是啊！

雅伊多隆 無論是在國外，或者是日本國內都小看了祂。這個事件就是要讓人知道，「千萬別小看喔」！

大川紫央 謝謝您。

雅伊多隆 好。

神　武 謝謝您。

大川隆法 （拍手兩次）

後記

或許大多數的日本人和中國人都認為，就連死後的世界和靈魂的存在都不相信了，還要去相信什麼「來自宇宙的訊息」，那就更是不可能。

我在本書明確地指出，有一個秉持著意志，參與地球活動之存在。那是一個匿名為「R．A高爾」的外星人，傳達來自宇宙生命體的警告。

我沒有打算強迫讀者一定得抱持何種想法，但以我個人至今的實際成績來說，我還沒有遇過任何一次是我無法解明大規模震災或災難的因果關係。

無論是中世紀的陰陽師還是古代預言家，皆能解讀出某些天意。現在正是需要解讀天意的時候。並非只有住在地上的人類，主宰著一切。

二〇二〇年　二月十一日

幸福科學集團創始人兼總裁　大川隆法

國家圖書館出版品預行編目（CIP）資料

中國新冠肺炎靈查解析／大川隆法作；幸福科學經典翻譯小組翻譯. -- 初版. -- 臺北市：台灣幸福科學出版，2020.04
216 面；14.8×21 公分
譯自：中国発・新型コロナウィルス感染 霊査
ISBN 978-986-98444-4-4（平裝）

1. 新興宗教　2. 靈修

226.8　　109002820

中國新冠肺炎靈查解析

中国発・新型コロナウィルス感染 霊査

作　　者／大川隆法
翻　　譯／幸福科學經典翻譯小組
主　　編／簡孟羽、洪季楨
封面設計／張天薪
內文設計／黛安娜

出版發行／台灣幸福科學出版有限公司
104-029 台北市中山區中山北路三段 49 號 7 樓之 4
電話／ 02-2586-3390　傳真／ 02-2595-4250
信箱／ info@irhpress.tw
法律顧問：第一法律事務所　余淑杏律師

總 經 銷／旭昇圖書有限公司
235-026 新北市中和區中山路二段 352 號 2 樓
電話／ 02-2245-1480　傳真／ 02-2245-1479

幸福科學華語圈各國聯絡處／
台　　灣　taiwan@happy-science.org
地址：台北市松山區敦化北路 155 巷 89 號（台灣代表處）
電話：02-2719-9377
網頁：http://www.happysciencetw.org/zh-han

香　　港　hongkong@happy-science.org
新 加 坡　singapore@happy-science.org
馬來西亞　malaysia@happy-science.org

書　　號／978-986-98444-4-4
初　　版／2020 年 4 月
定　　價／350 元

廣　告　回　信	
台北郵局登記證	
台北廣字第5433號	
平　信	

IRH Press Taiwan Co., Ltd.
台灣幸福科學出版有限公司

104-029 台北市中山區中山北路三段49號7樓之4
台灣幸福科學出版　編輯部　收

請沿此線撕下對折後寄回或傳真，謝謝您寶貴的意見！

中國新冠肺炎靈查解析

大川隆法
Ryuho Okawa

台灣幸福科學出版有限公司

中國新冠肺炎靈查解析

讀者專用回函

非常感謝您購買《中國新冠肺炎靈查解析》一書，
敬請回答下列問題，我們將不定期舉辦抽獎，
中獎者將致贈本公司出版的書籍刊物等禮物！

讀者個人資料　　※本個資僅供公司內部讀者資料建檔使用，敬請放心。

1. 姓名：　　　　性別：☐男　☐女
2. 出生年月日：西元　　　年　　　月　　　日
3. 聯絡電話：
4. 電子信箱：
5. 通訊地址：☐☐☐-☐☐
6. 學歷：☐國小 ☐國中 ☐高中／職 ☐五專 ☐二／四技 ☐大學 ☐研究所 ☐其他
7. 職業：☐學生 ☐軍 ☐公 ☐教 ☐工 ☐商 ☐自由業☐資訊 ☐服務 ☐傳播 ☐出版 ☐金融 ☐其他
8. 您所購書的地點及店名：
9. 是否願意收到新書資訊：☐願意　☐不願意

購書資訊：

1. 您從何處得知本書的訊息：（可複選）☐網路書店　☐逛書局時看到新書　☐雜誌介紹
☐廣告宣傳　☐親友推薦　☐幸福科學的其他出版品　☐其他

____

2. 購買本書的原因：（可複選）☐喜歡本書的主題　☐喜歡封面及簡介　☐廣告宣傳
☐親友推薦　☐是作者的忠實讀者　☐其他

____

3. 本書售價：☐很貴　☐合理　☐便宜　☐其他

____

4. 本書內容：☐豐富　☐普通　☐還需加強　☐其他

____

5. 對本書的建議及觀後感

____

6. 您對本公司的期望、建議…等等，都請寫下來。

____

____

IRH Press Taiwan Co., Ltd.
台灣幸福科學出版有限公司